La croisade des enfants

Castor Poche
Collection animée par
François Faucher, Martine Lang et Soazig Le Bail

Titre original :
JERUSALEM IST WEIT

Une production de l'Atelier du Père Castor

ISOLDE HEYNE

La croisade des enfants

Traduit de l'allemand par
JEANNE ÉTORÉ

Castor Poche Flammarion

Isolde Heyne, l'auteur, est née en 1931 à Aussig, en Tchécoslovaquie. À la suite des déplacements de population d'origine allemande qui eurent lieu en Europe centrale à la fin de la Seconde Guerre mondiale, sa famille s'installe en Saxe, une partie de la future RDA.

De 1961 à 1964, elle étudie la littérature à l'université de Leipzig. Elle travaille ensuite comme écrivain et journaliste. Elle vit en RFA depuis 1979. Elle a écrit plusieurs livres pour enfants et adolescents.

Du même auteur dans Castor Poche :
Personne ne m'a demandé mon avis, n° 232 ;
Rendez-vous sous l'horloge, n° 261.

Jeanne Étoré, la traductrice, vit dans le sud de la France. Après avoir étudié l'allemand et l'anglais, elle obtient, en juin 1972, le diplôme de l'École supérieure d'interprètes et de traducteurs. Depuis, Jeanne Étoré traduit essentiellement des textes de biologie, d'éthologie, de psychologie et de sciences humaines, et des romans pour la jeunesse.

Claude Cachin, l'illustrateur de la couverture, est né en 1964 à Pau. Après une maîtrise d'Arts plastiques, il a obtenu un diplôme de graphiste aux Beaux-Arts de Bordeaux, ville où il habite et travaille aujourd'hui.

« J'ai aimé illustrer ce roman car il met en scène une grande variété de situations, tout en racontant une histoire riche et forte. La complexité des sentiments est rendue avec une grande justesse. »

La croisade des enfants :

Au début de l'été 1212, à Cologne, un jeune garçon appelle à la croisade, une croisade d'enfants pour libérer le tombeau du Christ à Jérusalem...

Agnès, servante au château, en fera partie. Elle doit protéger son jeune frère Mathias, et l'héritier du château, Bertram, dont le beau-père voit là une belle occasion de se débarrasser.

Des milliers d'enfants vont marcher des jours et des jours galvanisés par un idéal qui les dépasse souvent. La route est longue, le cortège s'amenuise au fil des jours, abandonnant au passage les plus faibles, les malades. Personne n'en doute, la Méditerranée s'ouvrira devant eux traçant le chemin vers la Terre promise...

Chapitre 1

Les gens se bousculaient sur le parvis de l'église Sainte-Marie. Ils écoutaient un moine qui leur contait des choses extraordinaires :

– ... la mer se fendra. Le berger conduira l'armée des enfants à Jérusalem, la ville dorée. Et leur innocence produira le miracle – la libération du tombeau du Christ...

Les auditeurs firent le signe de la croix. L'étonnement mêlé d'espoir se lisait dans leurs yeux. La nouvelle de l'apparition du Christ n'était-elle pas déjà, en elle-même, un miracle ? Et à cela venait s'ajouter la mission dont le fils de Dieu avait chargé le pâtre Nicolas : conduire des enfants jusqu'à Jérusalem afin qu'ils libèrent sans crime et sans violence le Saint-Sépulcre !

– Les eaux de la mer se fendront ? demanda un sceptique.

La question fut étouffée par le brouhaha des protestations de la foule. Mais le père Boniface, un homme maigre sous sa robe de moine, l'avait bien entendue. D'une voix puissante, il répéta :

– Les eaux de la mer se fendront devant l'armée des enfants. Des milliers d'enfants, garçons et filles, se sont déjà rendus à l'appel du pâtre Nicolas. Des pauvres et des riches, même des petits enfants qu'accompagnent leurs frères et sœurs aînés, se rassemblent à Cologne sur le Rhin. Les anges du Seigneur veilleront sur eux jusqu'en Terre sainte et les portes du royaume des cieux leur resteront désormais grandes ouvertes...

Le discours enflammé du moine ne demeura pas sans effet. Se faufilant entre les hommes et les femmes adultes, des enfants se pressaient pour parvenir aux premiers rangs. Les yeux brillants, ils s'agenouillaient devant le porche de l'église en levant leurs mains jointes.

– Tout le monde peut y aller ?

– Tous ceux qui s'y sentent appelés.

Les pères et les mères tiraient leurs enfants en arrière. Mais on voyait l'effort qu'ils devaient faire pour se soustraire à l'emprise du sermon. Certains étaient horrifiés à la seule idée que des milliers d'enfants pussent partir pour la Terre sainte. On savait le sort qu'avaient connu les croisés et les sacrifices qu'ils avaient dû faire. Or c'étaient des hommes armés, partis avec la bénédiction de l'église.

Des enfants de plus en plus nombreux tombaient à genoux devant l'homme en robe de moine.

Agnès restait comme fascinée sur place, très loin, dans les derniers rangs. Il lui semblait qu'une main géante serrait son cœur de quinze ans. Les paroles du moine résonnaient aux oreilles de la jeune fille.

L'angoisse et le doute l'envahissaient : comment des enfants sans défense parviendraient-ils jusqu'à Jérusalem ? Elle avait entendu avec des frissons d'horreur les récits des trouvères et des saltimbanques qui disaient combien de chevaliers et de pages avaient perdu la vie ou avaient disparu à jamais dans les croisades.

Elle ferma les yeux. Elle voyait comme en rêve une foule innombrable d'enfants, affamés, assoiffés, malades, marcher à travers le pays. Dans leurs yeux rayonnait la lueur fébrile de l'espoir qui les animait tant que leurs forces suffisaient encore. Et la mer ? La mer se fendrait-elle ? Atteindraient-ils à pied sec les rives de la Terre sainte ?

Agnès ouvrit les yeux pour chasser ces images. Le flot des badauds qui refluaient et quittaient maintenant la place la ramena vite à la réalité. Elle poussa un profond soupir en voyant que les enfants agenouillés se relevaient aussi et s'en allaient. « Personne ne leur permettra de se joindre au pâtre Nicolas », se dit-elle pour se rassurer. Elle avait vu aussi son petit frère Mathias parmi les enfants. « Cet emportement passera, pensa-t-elle. Notre mère lui interdira de partir. »

Elle ramassa son panier posé par terre. Le chemin était encore long. On n'avait pas le temps de rêver quand on travaillait aux cuisines du château.

Avant de s'engager sur le chemin du château, Agnès passa par le village adossé à la colline. Elle franchit la porte basse dans la cabane de ses parents. Il faudrait qu'elle allonge ensuite le pas, pour rattraper le temps perdu.

Sa mère posait justement sur la table un plat de bouillie de gruau. Elle distribua des cuillères de bois aux quatre enfants et regarda Agnès d'un air étonné. Sur son visage se lisait plutôt la crainte que fût arrivé quelque chose de grave que la joie de revoir sa fille.

Agnès s'empressa de la rassurer :

– Je vais au château. La châtelaine m'a envoyée faire des courses. Je ne voulais pas passer par là sans venir voir comment vous alliez.

Agnès s'assit à table et mangea quelques cuillerées de bouillie. Elle veillait à ne pas laisser paraître que seule l'inquiétude l'avait poussée jusqu'à la maison. Dans les yeux de son petit frère Mathias, elle retrouva cette lueur d'espoir qu'elle avait observée aussi chez les autres enfants.

– Je t'ai vu devant l'église, dit-elle discrètement, pour ne pas susciter tout de suite la méfiance. Tu crois ce que tu as entendu ?

Mathias, qui avait à peine dix ans, s'assura que sa mère qui s'était écartée de la table ne pût pas entendre sa réponse.

– Oui, je prêterai serment et je suivrai ce pâtre Nicolas. Comme tous les autres...

Il s'interrompit, parce que leur mère était venue s'asseoir à côté d'eux après avoir épousseté la table d'un coup de chiffon.

Agnès ne répliqua donc rien à son frère.

– Où est notre père ? demanda-t-elle pour détourner la conversation.

– Au travail, où voudrais-tu qu'il soit à

cette heure. Et comment vas-tu, mon enfant ? Est-ce qu'ils sont bons pour toi, au château ?

– Oui, mère. J'y suis bien.

Elle raconta ce qu'elle faisait à la cuisine, parce qu'elle savait que sa mère aimait qu'on lui parlât de la vie au château.

Au bout d'un moment, Agnès leur dit au revoir et partit en hâtant le pas pour rattraper le temps perdu. En chemin, elle rencontra Jobst, le garçon d'écurie. Son attelage gravissait aisément la pente du château, bien que la carriole fût lourdement chargée. Jobst soulagea Agnès de son lourd panier et le posa sur la planche qui lui servait de siège. Lui-même poursuivit en marchant.

– Tu peux t'asseoir, si tu veux, Agnès, dit-il en lui montrant la planche qui tenait lieu de banc.

Agnès secoua la tête. Elle préférait marcher à côté de Jobst et parler avec lui.

– D'où viens-tu ? lui demanda-t-elle.

Jobst fit un geste vague de la main.

– De là et d'ailleurs. Le nouveau burgrave a toutes sortes d'exigences. Je pense que beaucoup de choses vont changer...

Jobst s'interrompit brutalement et leva les yeux sur Agnès. Elle lui plaisait ; il cherchait les mots pour le lui dire. Mais Agnès voulait profiter de l'occasion pour demander à Jobst s'il avait de plus amples informations sur ce Nicolas qui rassemblait à sa suite des enfants pour les emmener en Terre sainte.

Jobst dut s'arracher à ses considérations personnelles sur Agnès.

– Ils le suivent comme si c'était Jésus-Christ en personne, pesta-t-il, furieux. Je l'ai entendu parler. À Cologne, sur la place de la cathédrale, il prêche tous les jours que Dieu fait. Et ils le laissent faire parce que, à ce qu'il paraît, il produirait des miracles. On dit qu'il a guéri des malades, et on prétend qu'une croix serait apparue sur son dos.

Il marqua un temps d'arrêt. La pente raide et sa colère contre ceux qui persuadaient des enfants innocents d'entreprendre cette périlleuse expédition lui coupaient le souffle.

Mathias, mon petit frère, veut aussi les suivre, reprit Agnès, le pressant d'en dire davantage. Comment le retenir ?

– Je ne sais pas, répondit Jobst d'un air soucieux.

Cela ne devait pas rester l'unique cause de tracas. Le jour même, Agnès fut appelée auprès de la châtelaine Malwina. Tout en parcourant les couloirs sombres des appartements des dames, elle se demandait ce que sa maîtresse pouvait bien vouloir d'elle. Il était plus que rare désormais qu'elle fût appelée à son service. Depuis que le nouveau seigneur du château de Schönfels disposait de tout, les choses avaient bien changé. Le premier mari de Malwina avait emporté avec lui dans sa tombe l'allégresse qui régnait autrefois. Depuis que son frère Jacob avait pris sa succession et épousé sa veuve, l'atmosphère était de plus en plus sinistre au château. La dame ne se montrait plus que rarement, et on murmurait qu'elle portait en son sein un enfant.

Agnès frappa timidement à la porte de la chambre. Elle éprouvait une peur diffuse. Celle-ci augmenta encore lorsqu'elle s'aperçut que sa maîtresse n'était pas seule. À la fenêtre de la chambre, se tenait le moine qui avait prêché sous le porche de l'église la nouvelle de la croisade.

– Approche, Agnès, dit la châtelaine. (Elle parlait d'une voix éteinte et Agnès vit qu'elle avait pleuré.) Viens tout près de moi, mon enfant, je voudrais voir tes yeux quand tu répondras à mes questions.

Agnès avait le cœur serré. Elle essaya de

lire sur le visage du moine ce que tout cela signifiait. Mais celui-ci se détourna.

– Tu es une enfant bonne et raisonnable, Agnès, commença la châtelaine. C'est pourquoi je vais te confier ce que j'ai de plus cher au monde. Tu accompagneras mon fils...

Sa voix la trahit. Elle s'essuya les yeux avec un mouchoir. Et avant même qu'elle eût fini de parler, Agnès savait ce qu'elle attendait d'elle.

– C'est encore un enfant. Bertram vient à peine d'avoir neuf ans.

L'homme en robe de moine se tourna alors vers les deux femmes. Son regard n'exprimait pas la moindre compassion.

– Ce sont précisément les enfants innocents que Dieu appelle. Ils feront oublier les péchés de leurs pères en reconquérant au nom de la chrétienté le Saint-Sépulcre. Et ceux qui feront, derrière le pâtre Nicolas, la route jusque-là seront lavés de tout péché. Le moine poursuivit d'une voix douce et enjôleuse : Si l'un de leurs enfants s'engage pour la croisade, tes parents aussi en tireront profit. Le burgrave a accepté de réduire la corvée des parents de ceux qui partiront.

La châtelaine s'était ressaisie.

– Agnès, de tous, c'est toi qui connais le

mieux Bertram. Il aura confiance en toi. Après-demain, le père Boniface vous accompagnera jusqu'à l'endroit où vous rejoindrez la croisade du jeune pâtre. Va, maintenant, mon enfant. Demain je te dirai tout ce que tu dois savoir.

Épuisée, la châtelaine se laissa retomber sur ses oreillers. Agnès vit alors qu'elle était effectivement enceinte. Elle s'estima heureuse de pouvoir quitter la pièce.

Les pensées qu'elle avait repoussées toute la journée lui revinrent durant la nuit. Agnès était couchée à côté des autres à leur place dans la paille, juste enveloppée d'une couverture élimée. Au château, il n'y avait pas beaucoup de place pour les domestiques. Agnès essaya de compter depuis combien d'années elle y travaillait.

Bertram ne marchait pas encore quand elle était arrivée. Elle l'avait bercé sur ses genoux, quand la nourrice s'était enfuie. L'enfant avait confiance en elle, c'était vrai. Agnès ne voyait pas qui d'autre sa mère aurait pu envoyer avec lui pour l'accompagner vers l'inconnu. Et elle savait que de toute façon, elle était forcée d'y aller. Ils étaient serfs, tenus de faire ce que le burgrave ordonnait.

Son père ne lui viendrait pas en aide si

elle refusait de partir avec Bertram en croisade pour Jérusalem. Jamais encore il ne s'était révolté contre la volonté de son seigneur. Et un allégement de la corvée ne serait-il pas une raison suffisante pour la contraindre ?

Agnès ne pouvait pas imaginer comment c'était ailleurs. Elle n'était encore jamais allée plus loin que la ville. À l'office, elle avait entendu les servantes et les valets raconter toutes sortes de choses, mais cela ne lui permettait de se faire aucune idée exacte. Et voilà qu'elle allait partir si loin ? Avec des milliers d'autres enfants jusqu'à cette ville de Jérusalem que l'on disait tout entourée d'une muraille dorée ?

« Reviendrons-nous seulement ? » se demanda-t-elle. Sa vie avait été jusqu'alors tracée d'avance, comme celle de toutes les autres femmes serves. Elles travaillaient pour le burgrave, et lorsque celui-ci leur désignait un mari, elles n'avaient qu'à se soumettre. Agnès en éprouvait une vague angoisse lorsqu'elle y pensait. Mais elle redoutait encore plus ce long voyage où on l'envoyait avec le fils de sa maîtresse.

Cependant, tout à coup, elle crut revoir son petit frère Mathias, agenouillé sous le porche, les mains jointes tendues vers le moine : « Tout le monde peut y aller ? »

Agnès était sûre que Mathias suivrait la croisade, même si leur mère le lui interdisait. Contrairement à ses frères et sœurs, il savait se révolter, il était frondeur et sûr de lui.

« Je ne veux pas garder les cochons pour le burgrave » avait-il toujours répété, bien que son père l'eût battu pour ça.

La corvée serait-elle doublement allégée si deux enfants du serf Johann suivaient la croisade ?

À cette idée, Agnès conçut presque comme une chance le choix qu'avait fait d'elle la comtesse Malwina en la désignant pour accompagner le jeune seigneur en croisade. Mais avec la meilleure volonté du monde, elle ne pouvait pas imaginer comment tout cela se passerait. Les domestiques avaient parlé d'énormes montagnes qu'il fallait franchir. Et le moine avait dit que les eaux de la mer se fendraient. Se fendraient-elles vraiment ? Agnès fut parcourue d'un frisson rien qu'en y pensant. Peut-être qu'ils n'atteindraient jamais la Terre sainte et qu'ils mourraient tous en route. Et dans l'autre cas, combien de jours, de semaines ou de mois devraient-ils marcher ? Agnès avait peine à croire que les païens s'enfuiraient pour laisser le Saint-Sépulcre à des enfants en prière. Elle eut beaucoup de mal à s'apaiser, et il faisait presque jour lorsqu'elle sombra dans le sommeil.

La châtelaine ne ferma pas l'œil de la nuit. L'idée que Bertram dût se joindre à cette croisade des enfants ne la laissait pas en repos. Elle ne savait pas comment protéger son fils de cette expédition. Jacob, son mari, avait clairement fait comprendre que Bertram lui était indésirable. Surtout maintenant qu'elle portait en son sein un enfant de lui.

En outre, le père Boniface avait tout fait pour la persuader que c'était le devoir de Bertram d'expier les péchés de son père. Mais à cette heure, dans la solitude de la nuit, elle en doutait. Quelque péché que son premier mari ait pu commettre de son vivant, lui seul avait à en répondre devant Dieu.

La comtesse Malwina devinait le plan de son second mari qui avait voulu, en l'épousant, entrer en possession de tout ce qui lui avait été refusé du vivant de son frère. Et Bertram était un obstacle sur cette voie.

« Il faut que je vienne en aide à mon enfant, autant que je le peux, songeait-elle, désespérée. Il faut que Bertram revienne de cette croisade, même si ce n'est pas ce que souhaite son beau-père. »

L'enfant à naître se faisait sentir dans son ventre. « Arriverai-je à l'aimer autant que j'aime Bertram ? » Jamais elle n'avait reconnu son second mari comme un véritable époux, au même titre que le père de Bertram. À la mort de son frère, Jacob était arrivé au château, et il avait fait valoir ses droits sans lui demander son accord. Et maintenant il lui prenait ce qu'il lui restait de plus cher.

La châtelaine se leva de son lit et ouvrit la fenêtre de sa chambre. De là, on voyait très loin tout ce pays qu'elle aimait tant. Les contours de la ville se détachaient peu à peu dans la pénombre de l'aube, l'église Sainte-Marie, les remparts avec leurs tours de garde. Tout cela semblait à portée de main, et lui était pourtant inaccessible. Il n'y avait personne dont elle eût pu requérir les conseils.

Au matin, elle prit une décision : elle n'enverrait pas son fils sans protection sur ces terres étrangères. Agnès s'occuperait de lui pour ce qui était de sa santé physique. Mais elle enverrait aussi avec eux Jobst, le valet d'écurie, fort comme un bœuf, pour le protéger contre tout autre danger. Jobst les rejoindrait lorsqu'ils seraient déjà assez loin pour que Jacob ne puisse pas lui ordonner de faire demi-tour.

Le souci de savoir comment elle organiserait la chose refoula sa peur. Elle sentit revenir tout son esprit d'initiative ; elle émergeait de la léthargie dans laquelle elle avait sombré depuis la mort de son mari.

Enveloppée d'un mince châle, elle quitta sa chambre. À pas de loup, elle se glissa le long du couloir et entra dans la chambre de son fils. L'enfant dormait calmement sans se rendre compte de la présence de sa mère. « Comment le lui dire ? » se demandait la châtelaine. Elle espérait le plus ardemment du monde qu'on lui laisserait le soin d'annoncer elle-même la nouvelle à son fils. Bertram ne soupçonnait pas encore qu'il allait bientôt être séparé de tout ce qu'il aimait. « Dieu protège mon enfant ! » pria Malwina au pied du lit de son fils. Puis elle lança une protestation désespérée : « Seigneur, pourquoi faire partir maintenant les enfants ? Si les hommes n'ont pas été capables de libérer le Saint-Sépulcre, les enfants le seront encore moins. Dis-moi pourquoi ? »

Les adieux d'Agnès à ses parents furent douloureux. Elle avait remarqué l'air sombre de son père qui, presque tout le temps qu'Agnès passa ce soir-là à la maison, garda le regard rivé au mur. Sa mère prépara deux ballots, un pour elle et un pour Mathias. Celui-ci s'était appuyé sur son père qui n'avait été que trop prompt à donner son autorisation.

– Deux enfants à la croisade, il faudra bien que le burgrave m'accorde quelque chose en échange.

– Mathias est un enfant, il vient à peine d'avoir dix ans ! ne cessait de répéter la mère pour inciter son mari à retirer la permission qu'il venait de donner.

Ses larmes coulaient sur les ballots qu'elle nouait. Elle avait donné aux enfants le meilleur du peu qu'elle possédait.

– Bertram n'est pas plus vieux que notre Mathias, répliquait Johann, pour tenter de justifier sa position. Agnès veillera sur eux deux. Elle est assez grande et raisonnable.

À cela, la mère ne répondit plus rien. Mais elle pensait : « Ce sont tous deux mes enfants. Je les ai portés dans mon sein comme les autres. C'est une part de moi-même qui s'en va avec eux. Où est Jérusalem ? »

Comme si Agnès lisait dans ses pensées, elle dit :

– Le père nous a dit qu'il y avait toute une armée d'enfants. Et en route, les gens nous donneront des cadeaux, ils nous apporteront de la nourriture et des vêtements, à défaut de pouvoir nous suivre. Ils nous enseigneront comment franchir les montagnes sans risque et nous accompagneront jusqu'à la mer que nous devrons traverser pour arriver en Terre sainte. Et les eaux de la mer se fendront quand Nicolas arrivera avec nous devant elle... c'est ce qu'a dit le moine...

Agnès se tut, parce qu'elle sentait l'épouvante de sa mère.

Elle ne croyait pas elle-même à ce qu'elle venait de dire. Elle avait foi en revanche dans ce que lui avait dit la châtelaine. – « Jobst vous rattrapera avant Cologne et il vous accompagnera. Jobst est fort, il vous protégera bien. »

Mais ça, Agnès n'avait pas le droit d'en parler, pas plus à ses parents qu'à son frère. La châtelaine Malwina le lui avait fait jurer.

La pensée que Jobst allait les suivre était la seule qui pût atténuer un peu sa peur de la croisade. Elle ne serait plus seule responsable du jeune seigneur Bertram, même si elle était résolue à tout faire pour protéger sa santé et sa sécurité. Avec Jobst ce serait bien plus facile, se disait-elle. Jobst était fort et prudent.

Elle était très inquiète de l'impétuosité de son frère Mathias.

Ce n'était pas le désir de suivre le pâtre Nicolas en Terre sainte qui lui faisait quitter la maison, mais l'aventure dont il avait toujours rêvé. Et on pouvait se demander s'il reviendrait jamais. Heureusement qu'elle aurait l'aide de Jobst. Il réussirait certainement à dissuader l'enfant de ses projets.

Ce soir-là, Agnès coucha à la maison auprès de ses frères et sœurs.

« Demain tout sera différent, pensait-elle. Dieu seul sait si je reviendrai jamais et si je dormirai encore sous le toit de cette cabane avec tous les miens. »

Elle regardait fixement dans l'obscurité et se sentait oppressée. Ses pensées pesaient lourdement dans sa poitrine. Elle entendait la respiration de ses parents et de ses frères et sœurs qui emplissait la pièce ; elle étouffait. Enfin, elle tomba dans un sommeil de plomb.

Chapitre 2

L'armée des enfants suivait comme une énorme chenille les courbes de la vallée du Rhin. Le père Boniface poussa un soupir de soulagement lorsqu'il aperçut au loin les retardataires de l'armée de Nicolas. Ils étaient arrivés trop tard à Cologne. Il n'y restait plus que les traces du camp que les milliers d'enfants avaient abandonné déjà depuis plusieurs jours. Mais elles auraient bientôt disparu. Les habitants de Cologne se félicitaient d'être débarrassés de ce fardeau. Au début, ils avaient été fiers que le miracle eût pu se produire dans leurs murs : un jeune pâtre qui parlait comme un ange emmenant avec lui des milliers d'enfants avec qui il comptait en toute innocence chasser les païens de la Terre sainte. Il ne s'agissait plus de le faire par la violence, comme l'avaient tenté sans succès les dernières croisades. Non, seuls les enfants pouvaient réussir, parce qu'ils étaient exempts de tout péché !

Et ce qui avait achevé de convaincre les partisans de cette croisade des enfants, c'était la nouvelle qu'en France aussi, à Vendôme, un jeune berger du nom d'Étienne avait eu l'apparition du Seigneur et qu'il rassemblait lui aussi des enfants pour la croisade.

Mais plus se prolongeait le séjour des enfants dans la ville de Cologne, plus nombreux se faisaient les appels enflammés du pâtre Nicolas, plus pressant devenait le désir des habitants de voir enfin partir cette horde agitée. Outre la charge que représentait l'entretien de ces milliers d'enfants, ils redoutaient la dégradation des mœurs et de la morale. Les choses ne s'étaient pas arrêtées au rassemblement d'enfants derrière Nicolas, toutes sortes de mauvaises gens s'étaient joints à eux, et ils ne le faisaient évidemment pas dans l'intention de participer à la croisade.

Ainsi le père Boniface et son petit groupe d'une quinzaine d'enfants – parmi lesquels se trouvaient aussi Agnès, Bertram et Mathias – n'avaient-ils trouvé à Cologne que des habitants contents d'avoir fait ce qu'ils pouvaient pour la réussite de la croisade, et d'être enfin débarrassés de Nicolas et de sa cohorte.

– Dépêchez-vous, vous les rattraperez sans peine. Ils n'avancent pas aussi vite que vous. Et ils ne chanteront pas non plus très longtemps avec autant d'entrain.

Agnès était contente qu'ils n'aient pas encore rejoint cette armée, ils dormiraient encore quelques nuits à l'auberge. Mathias et la plupart des autres ne souffraient pas encore trop de la dureté du chemin. Mais elle se faisait du souci pour Bertram. L'enfant était renfermé sur lui-même et parlait fort peu. On voyait au coin de ses lèvres un rictus de défi, ses yeux étaient tout brillants de larmes contenues. Agnès aurait bien aimé parler avec lui, mais une sorte de timidité l'en empêchait.

Toute la journée, il avait fièrement marché en tête, vêtu de la tunique sur laquelle la châtelaine avait cousu de ses mains une croix. Mais le soir, à l'auberge, il s'était endormi en pleurant doucement. Agnès, qui avait pris place à côté de lui, s'était rapprochée pour essuyer ses larmes en lui disant :

– Tu y arriveras, Bertram. Bientôt, ça te paraîtra plus facile.

Il lui avait tourné le dos en silence. Elle ne pouvait pas lui dire que Jobst les rejoindrait. Ils n'étaient pas encore assez loin, et le père Boniface aurait certainement renvoyé le jeune homme, parce qu'il n'aurait pas reçu du burgrave la permission d'accompagner Bertram.

Lorsqu'ils rattrapèrent les retardataires, Agnès se sentit à nouveau envahie par la peur. Ils n'étaient encore qu'à quelques jours de marche de Cologne, et plus la moindre joie ne se lisait dans les yeux des enfants. Leurs visages portaient la marque des fatigues de la route. Ils avaient les pieds en sang et se traînaient péniblement derrière le gros de la troupe.

Le père Boniface exhorta son petit groupe à passer devant.

– Je vais vous confier à un moine qui suit la marche depuis Cologne. Il faut que nous le trouvions. Et il n'est certainement pas parmi les derniers. Alors, hätez-vous !

Pendant ce temps, Agnès regardait si Jobst n'arrivait pas. Elle ne voulait pas se l'avouer, mais sa peur grandissait au fur et à mesure qu'ils avançaient. Le père Boniface les fit encore accélérer, et même lorsque les milliers d'enfants s'arrêtèrent le soir, par petits groupes, pour allumer un feu et préparer leur repas, il ne laissa pas

Agnès et les enfants de son groupe s'arrêter. Il ne céda enfin que lorsque Bertram s'assit tout simplement au bord du chemin en se refusant catégoriquement à continuer.

– Mangez, buvez quelque chose, et reposez-vous. Je vais chercher seul ce moine. Mais ne bougez pas de là.

Soulagée, Agnès laissa tomber ses paquets. Elle était plus lourdement chargée que les autres, car elle avait pris le bagage de Bertram. Jusqu'alors, ils n'avaient pas eu de mal à survivre. Le père Boniface avait trouvé tous les soirs une auberge qui offrait à manger et un endroit où se reposer pour la nuit. Moyennant finances, bien entendu. Mais Agnès savait que c'était terminé. Ce n'était pas pour rien que le moine pressait sa petite troupe de rejoindre enfin les autres. Il cherchait maintenant quelqu'un qui devait les prendre en charge, après quoi lui-même rebrousserait chemin.

Le père Boniface n'avait jamais caché qu'il les conduisait rejoindre les autres, mais que lui-même ne participerait pas à cette croisade. « J'ai d'autres tâches à accomplir. »

« Quelles tâches ? » se demandait Agnès.

Mais elle était surtout préoccupée de

Bertram. Celui-ci en revanche ne lui accordait pas la moindre attention, il était resté presque totalement silencieux. La familiarité qui avait jadis existé entre eux ne s'était pas rétablie, même pas lorsque, le soir, elle avait lavé ses pieds meurtris et lui avait préparé une tisane pour qu'il s'endormît vite. Il semblait plus ouvert vis-à-vis de Mathias. Agnès décida de profiter d'un moment où on ne les observerait pas pour en parler avec son frère. Mais il fallait d'abord résoudre un problème plus important : où trouver de l'eau pour préparer une soupe et un bon emplacement pour faire du feu ?

Agnès regarda comment avaient fait les autres, assis par petits groupes. Les marmites bouillaient déjà sur le feu, et l'odeur de soupe chaude qui se répandait partout rendait la faim encore plus cruelle.

– Apporte une écuelle, lui dit une de leurs voisines, nous avons un peu de soupe de reste, de quoi calmer l'estomac pour commencer.

Agnès s'empressa d'aller chercher un plat de terre et fut contente de voir que cette fille qu'elle ne connaissait pas le remplissait à ras bord.

– Merci, dit-elle, tu nous rends un grand service. Je m'appelle Agnès.

– Moi, Thérèse, et ils sont une dizaine avec moi à vouloir aller en Terre sainte.
– Toi aussi ? demanda Agnès, dans l'espoir d'avoir trouvé quelqu'un comme elle qui ne serait pas parti de son plein gré. L'autre repoussa une mèche blonde qui lui tombait sur le visage. De ses yeux vifs, elle jeta un coup d'œil sur Agnès puis dit :
– Pourquoi pas moi ?

Il était manifestement encore trop tôt pour échanger des propos de ce genre. Agnès remercia encore une fois, puis elle retourna auprès des enfants qui avaient fait jusque-là le chemin avec elle et avec le père Boniface. Ceux-ci se jetèrent sur la soupe ; ils n'en laissèrent pas une cuillerée. Agnès n'en eut pas une goutte. Bertram non plus n'avait pu mettre sa cuillère dans la soupe. Assis par terre, l'air absent, il regardait fixement dans le vide.
– Tu n'as pas faim, Bertram ? lui demanda Agnès.
– Je ne mangerai pas de la soupe de pauvres !

Elle entrevit encore sur ses lèvres ce trait de défi. Agnès savait qu'il faudrait briser cette fierté. Ici, parmi ces milliers d'enfants, se montrer hautain et revendiquer une position spéciale ne pourrait que lui nuire. Et elle savait aussi qu'il cherchait simplement à se protéger par cette attitude, elle le connaissait assez bien pour ça. Elle n'était pas beaucoup plus âgée que lui aujourd'hui la première fois qu'elle l'avait bercé sur ses genoux et qu'elle avait lavé ses petites mains égratignées. Dès lors, elle s'était toujours occupée de lui, jusqu'à l'arrivée du nouveau seigneur au château. À partir de ce jour, elle était devenue fille de cuisine.

– Ne t'obstine pas, Bertram, ça ne te nourrira pas, répliqua-t-elle sévèrement. Aujourd'hui, je vais te préparer une bouillie. Mais à partir de demain, il faut que tu manges ce que mangent les autres. Nous resterons assez souvent le ventre creux. Ménage tes forces.

Sans attendre de réponse, Agnès descendit à la rivière chercher de l'eau. Puis elle suspendit sa marmite au-dessus du feu que Mathias venait d'allumer et prépara une simple bouillie de son. Elle hésita un instant en voyant que les provisions étaient maigres. Mais elle se résolut quand même à préparer un repas chaud au moins le soir du premier jour pour tous ceux qui étaient venus avec eux. Puisqu'ils faisaient partie de l'armée des enfants, il ne fallait pas qu'ils aillent se coucher tenaillés par la faim.

Cette nuit-là, le père Boniface ne revint pas. Agnès resta éveillée longtemps. Elle ne savait si elle devait souhaiter le retour du moine. En sa présence, elle se sentait mal à l'aise. Ce n'était pas sa sévérité qui la gênait, ni même les innombrables prières qu'il faisait réciter aux enfants dès qu'ils avaient une seconde de répit. Elle n'aurait su l'expliquer à personne, mais elle croyait percevoir en lui quelque chose de faux qui la troublait. Comme elle était l'aînée de ceux qu'il conduisait à la croisade, peu à peu il s'était déchargé sur elle de ses responsabilités, il lui avait même souvent donné de l'argent pour qu'elle achetât du pain et du son et fît manger les enfants. Mais en même temps, il les avait constamment forcés à se presser et il les avait souvent fait marcher jusqu'à épuisement.

Agnès écoutait les bruits de la nuit. La canicule de la journée avait fait place à une agréable fraîcheur. Les enfants s'étaient enveloppés dans leurs capes et couchés par terre. Même Bertram n'avait pas hésité. Agnès sourit doucement en pensant à la rudesse des paroles qu'elle lui avait adressées pour lui reprocher son orgueil. Elle espérait beaucoup qu'il se montrerait bientôt plus traitable et qu'il lui confierait ses craintes. Il lui faisait pitié. Il ne devait pas être facile pour lui de passer des soins attentifs de sa mère à une pareille aventure. Il devait se sentir exclu, mal vu.

« Mais ne suis-je pas moi-même en marge ? se demanda Agnès. Je n'ai pas librement décidé de partir en terre étrangère. Jamais il ne me serait venu à l'idée de vouloir libérer le Saint-Sépulcre. À quelle distance est Jérusalem ? Combien de jours devrons-nous marcher et combien de nuits passerons-nous à la belle étoile ? À quoi ressemble la mer ? À un large fleuve, à un lac dont on apercevrait à peine l'autre rive ? Non, bien, bien plus vaste, a dit le père Boniface. Inimaginablement grande. On y voit naviguer des bateaux plus grands que les maisons des villes et qui marchent plus vite que tous les équipages que vous avez pu voir jusqu'à ce jour... »

Et Jérusalem ? A-t-elle vraiment des remparts dorés comme on le raconte ? « Jérusalem est comme une perle fine. La ville est riche et puissante. Et vous aurez votre part de cette richesse et de cette puissance. » Les paroles du père avaient séduit, émerveillé les enfants. Même Mathias rêvait de devenir un des maîtres de cette ville. Maintenant, lui aussi voulait y aller.

Mais étaient-ils partis pour conquérir pouvoir et richesse ? Leur mission n'était-elle pas d'abord de libérer le Saint-Sépulcre afin que les païens ne profanent pas les lieux saints ?

La première nuit qu'elle passa dehors parmi ces milliers d'enfants, Agnès resta longtemps éveillée. Était-ce l'immensité du ciel avec ses étoiles scintillantes qui faisait divaguer sa pensée ? Et suscitait aussi le doute ?

Brusquement, Agnès entendit un faible chant d'oiseau. Elle connaissait ce cri, et elle savait aussi que, mis à part les oiseaux de nuit, aucun oiseau ne pouvait chanter à cette heure. Jobst imitait merveilleusement les chants d'oiseaux. Bien souvent, il s'y était amusé pour la faire rire. Tout doucement, afin de n'éveiller personne, Agnès se redressa. Un nouveau sifflement lui indiqua où elle devait se diriger. Bientôt, un bras puissant la tira dans les buissons au bord du fleuve.

– Enfin, vous voilà, où est le père ?

Agnès souffla quelques mots à l'oreille de Jobst.

– Mais tiens-toi à distance de nous, ajouta-t-elle, jusqu'à ce que tu sois sûr que nous soyons assez loin de chez nous pour qu'il ne puisse plus te renvoyer.

– Ce sera plus facile quand je vous rejoindrai avec la charrette et le cheval. Et j'ai des provisions suffisantes. Notre maîtresse n'a pas lésiné. Comment se porte Bertram ?

– Il est d'humeur très sombre. As-tu réussi à en savoir plus ? Nous ignorons la suite. Combien de temps devrons-nous encore marcher pour arriver à ces hautes montagnes et à la mer ?

Jobst ne répondit pas à sa question. Il mit dans les mains de la jeune fille un gros sac de son et une miche de pain.

– Pour que vous n'ayez pas faim. Demain, nous en saurons davantage. Prends garde à toi, Agnès.

Puis il disparut dans l'obscurité. Agnès rapporta le sac de son et la miche de pain enveloppés dans sa jupe jusqu'à l'endroit où ils s'étaient installés. Puis elle s'endormit à son tour pour ne s'éveiller qu'au lever du jour.

Ils ne revirent le père Boniface qu'une seule fois, lorsqu'il revint le lendemain matin prêt à partir, accompagné d'un autre moine qui leur sembla être exactement le contraire de l'austère père. Frère Séverin ne semblait pas dédaigner les plaisirs de la vie, c'est tout au moins ainsi que le père Boniface le présenta aux enfants. Il ne semblait pas non plus fanatiquement partisan de la précipitation ni de la marche forcée.

– Il vous accompagnera désormais et sera votre soutien spirituel, déclara le père Boniface. Sachez lui obéir comme vous m'avez obéi. La bénédiction du Seigneur soit avec vous, et que ses anges vous protègent.

Agnès suivit des yeux le père qui disparut dans la foule. Était-il vraiment parti ? Auquel cas, Jobst pourrait les rejoindre. Elle n'eut pas le loisir d'y réfléchir plus longtemps, car l'armée des enfants s'apprêtait à se mettre en route pour la journée. Il était encore tôt le matin, le soleil répandait une douce chaleur, mais c'était encore une très chaude journée de juin qui s'annonçait. Agnès se sentit à la fois contrainte et entraînée par la hâte des autres. Jusqu'à présent, ils n'avaient été qu'un petit groupe, désormais elle faisait partie des milliers et des milliers d'enfants qui descendaient vers le sud en suivant pour commencer toute la vallée du Rhin. Ils devraient se soumettre au rythme des autres, se reposer quand les autres se reposeraient, marcher quand ils marcheraient. Ils devraient faire ce que les autres faisaient.

– Ne reste pas là à rêver, on repart ! Thérèse se tenait à côté d'Agnès, prête à lever le camp. Si vous voulez, vous pouvez marcher avec nous. Nous ne sommes pas plus nombreux que vous. Et je pourrai peut-être te guider pour certaines choses.

Agnès acquiesça d'un signe de tête. Elle ramassa rapidement ses affaires et compta si tous les enfants de son groupe étaient là. Thérèse éclata de rire.

– Tu peux te dispenser de compter. De toute façon dans quelques jours ils ne seront plus au complet. L'enthousiasme faiblit quand l'estomac gronde et qu'on a des ampoules au pied.

– Et qu'adviendra-t-il d'eux ? Ils resteront tout simplement en rade ?

Thérèse haussa les épaules. Lorsqu'elle vit qu'Agnès attendait une réponse, elle ajouta :

– Ils essaieront de rentrer chez eux. La distance n'est pas encore trop grande. Et ils oublieront vite leur serment.

Alors seulement, Agnès réalisa qu'elle n'avait pas encore prêté le serment de la croisade. Le père Boniface leur avait expliqué qu'ils devaient prêter serment devant Nicolas, le pâtre miraculé, et que de ce serment, seul le pape à Rome pouvait les dégager. Ce qui signifiait qu'il fallait en tout cas suivre la croisade au moins jusqu'en Italie. Du moins, selon les explications du père.

Tout en vérifiant que les enfants qui lui avaient été confiés n'oubliaient rien sur place, Agnès se prit à espérer que le frère Séverin aurait oublié le serment. Ainsi au moins quelques-uns des enfants pourraient-ils rebrousser chemin sans se rendre coupables d'un péché. Elle avait bien remarqué que le premier élan commençait à se ralentir chez certains. Et cette première nuit auprès de tous les autres, qui avaient déjà parcouru des kilomètres et qui s'endormaient d'épuisement très exactement là où ils s'étaient arrêtés, pouvait servir d'avertissement.

Agnès se plaça derrière les enfants de son groupe qui s'étaient joints à ceux du groupe de Thérèse. Comme la veille, elle avait pris, en plus du sien, le ballot de Bertram. Avec les ustensiles de cuisine et son propre ballot, elle était lourdement chargée.

Thérèse marchait à côté d'elle.

– Tu m'as demandé hier pourquoi je faisais la croisade. Et tu as bien dû t'apercevoir que je ne partageais pas l'ardeur de tous ces agneaux. Aller en Terre sainte, à Jérusalem ! Rien ne pouvait m'être plus étranger que cette idée. Mais c'était la seule possibilité de partir. J'étais serveuse dans un estaminet de Cologne. Et ce n'était pas tout. (Thérèse se passa la main sur le visage, comme pour chasser une mouche.) Mais tu ne comprends rien à tout ça non plus, tu es aussi un innocent agneau comme tous les autres. Tu suis en courant quelqu'un qui ment chaque fois qu'il ouvre la bouche...

Agnès aurait voulu protester ; elle n'admettait pas que Thérèse, qui n'était guère plus âgée qu'elle, la prît pour une idiote. Mais elle se contenta de demander :

– Nicolas ? Pourquoi crois-tu qu'il ne dit pas la vérité ? Même le père Boniface...

– Au diable les curés ! Ils ne sont pas différents des autres. Tu veux que je te dise ? Le soir, à l'estaminet, quand ils avaient bien bu, ils vendaient la mèche. C'est seulement une fois que le petit Français a eu appelé à la croisade que Nicolas a vu sa prétendue apparition du Seigneur. Ils ne voulaient pas être en reste, c'est tout. Et d'où crois-tu que Nicolas tire ses pieuses paroles ? Elles lui ont été inculquées, jusqu'à ce qu'il les récite même en rêve. Mais il est très convaincant, ça, il faut le reconnaître !

– Je ne l'ai même pas encore vu, observa Agnès. Le père Boniface nous a raconté qu'il aurait fait des miracles et même guéri des malades.

Thérèse se contenta de rire.

– Oui, il a su prêcher, ce Nicolas. Et ils le suivent tous ; ils croient tout ce qu'il dit. Si je pouvais, je les...

Agnès donna un coup de coude à sa voisine pour lui faire comprendre qu'il valait mieux se taire. Elle venait de voir frère Séverin se diriger vers eux. Il devait lutter pour se frayer un chemin à contre-courant de la marche. De loin déjà, il se mit à faire de grands signes de bras pour attirer l'attention d'Agnès. En arrivant, il dit d'une voix haletante :

– Vous prêterez serment ce soir. Nicolas vous attend. Venez dès que vous aurez installé vos affaires pour la nuit. Et je vous conduirai jusqu'à lui.

– Où le trouverons-nous ? demanda Bertram qui apparut tout à coup juste à côté de frère Séverin. Mais le moine attira l'enfant contre lui, passa la main dans les cheveux blonds de Bertram et dit :

– Tu brûles d'impatience de prêter serment, seigneur Bertram ! C'est seulement à partir de ce soir que tu feras véritablement partie de la croisade.

Et se tournant vers Agnès, il ajouta :

– Mène-les tous devant, en tête de l'armée.

Je vous conduirai jusqu'à la tente de Nicolas.

Et il s'en alla.

Agnès n'avait pas prononcé un mot. Déçue, elle pensa : « Il ne l'a pas oublié. À partir de ce soir, nous ne serons plus libres. Nous sommes forcés de prêter serment et ensuite nous ne pourrons plus faire demi-tour sans être allés en Terre sainte. » Inquiète, elle aurait aimé que Jobst fût déjà là. Allait-il prêter serment, lui aussi ?

Elle vit, devant elle, le dos frêle de Bertram. Mathias marchait à côté de lui, il était bâti plus solidement que le jeune noble.

Agnès avait confiance en Thérèse. Elle lui avoua tout ce qui la tourmentait depuis que la châtelaine lui avait confié sa mission. Elle lui avoua aussi ses craintes :

– Que se passera-t-il lorsque nous serons arrivés à Jérusalem ? Je ne peux pas croire que les païens prendront la fuite devant nous, même si nous sommes encore nombreux. Et si c'est le cas, que ferons-nous ensuite ? Personne n'en a encore rien dit.

– Nous n'y arriverons jamais. Alors ne te tracasse pas pour ça, répondit laconiquement Thérèse.

Agnès avait quelque difficulté à suivre

Thérèse qui avait déjà derrière elle plusieurs jours de marche et savait s'adapter au rythme des autres. Lorsqu'elle s'en aperçut, la jeune fille ralentit le pas.

– Il faut que tu t'habitues, dit-elle. Les premiers jours sont une épreuve. Nous parcourons de vingt-cinq à trente kilomètres par jour.

– Et combien de kilomètres y a-t-il jusqu'au bout ?

Thérèse éclata de rire.

– Tu en poses de drôles de questions ! Comment veux-tu que je le sache ? Ils ont dit qu'il nous fallait d'abord arriver à Gênes. Là, il y a la mer. Et jusque-là, cela fait environ mille cinq cents kilomètres. Tu peux calculer le nombre de jours de marche !

Agnès rougit.

– Non, je ne saurais même pas compter jusque-là !

Chapitre 3

Lorsqu'ils s'arrêtèrent sous la canicule de midi, Agnès chercha une place à l'ombre des arbres. Elle envoya ensuite Mathias trouver de l'eau et coupa le reste de la miche de pain en quinze morceaux égaux. Elle ne pouvait rien offrir d'autre aux enfants. Mais quand elle eut distribué le pain, il lui en resta deux morceaux.

– Qui manque-t-il ? demanda-t-elle.

C'était un grand garçon et sa petite sœur qui avaient fait demi-tour. Agnès soupira, mais elle leur souhaitait à tous deux de rentrer sains et saufs chez eux. Elle aurait été tenté de dire à tous les autres : « Arrangez-vous pour rentrer, vous n'avez pas encore prêté serment ! » Mais elle n'osa pas affirmer ouvertement ce qu'elle pensait. Elle se contenta d'espérer que d'autres enfants de son groupe suivraient cet exemple. Avant le soir, ils avaient encore des kilomètres de marche, et les sandales que portaient beaucoup de ces enfants ne pouvaient résister. La plupart marchaient déjà pieds nus. Ils avaient les pieds tout écorchés par les cailloux pointus et les broussailles du chemin.

Bertram était descendu jusqu'au fleuve avec Mathias et quelques autres. Agnès le vit les pieds dans l'eau et pensa : « Si je pouvais, je repartirais aujourd'hui même avec lui et avec Mathias. Que la vie était douce jusqu'ici, même si je n'étais que domestique au château. » La nostalgie de sa mère et de ses frères et sœurs lui fit venir les larmes aux yeux.

Brusquement, Jobst se dressa devant elle, alors qu'elle essuyait ses larmes. Elle aurait voulu se jeter contre lui, mais il l'en empêcha d'un geste, afin de ne pas attirer l'attention. Puis il s'assit à côté d'elle, comme s'il faisait déjà partie du groupe.

– Votre père Boniface est déjà reparti, dit-il. Il semblait assez pressé, et on ne sait comment il s'est retrouvé tout d'un coup en possession d'un cheval. Mais il faut encore se méfier de l'autre. Demain au plus tard j'en saurai davantage, alors je vous rejoindrai avec l'attelage. Vous pourrez vous asseoir à tour de rôle. J'ai même une tente et des couvertures pour Bertram.

– Il manque deux enfants, observa Agnès.

– Je leur ai expliqué le chemin du retour. J'espère qu'ils seront nombreux à abandonner.

Agnès se contenta d'acquiescer d'un signe de tête. Lorsque Jobst repartit, elle se sentait un peu mieux. Elle l'aurait bientôt à ses côtés et ne serait plus seule responsable de tout.

Thérèse avait regardé ce garçon s'asseoir à côté d'Agnès comme si c'était la chose la plus naturelle du monde. Elle vint à son tour s'asseoir à côté d'elle, mais ne posa pas de questions.

– On va avoir un orage, déclara-t-elle. Il y a longtemps qu'il n'a pas fait aussi lourd. Et, pourtant, on va repartir.

Agnès jeta un coup d'œil vers le ciel où s'amassaient de gros nuages noirs. Elle avait peur de l'orage. En plus, elle se faisait du souci parce qu'ils allaient tous être trempés jusqu'aux os. Avec quoi se couvriraient-ils ensuite, la nuit ?

– Le mieux est de quitter tout ce que l'on peut, et de le rouler bien serré, suggéra

Thérèse. Comme ça, au moins, on aura quelque chose de sec à se mettre après.

Agnès l'approuva.

– Je vais le dire aux enfants.

L'armée s'ébranla peu après. La pause de midi était terminée. Agnès continua de marcher à côté de Thérèse. Elles avaient devant elles les enfants des deux groupes.

– Il y en a moins chez toi aussi, constata Agnès.

Thérèse ne se donna pas la peine de compter.

– Ils sont restés avec moi par hasard. Je ne sais pas grand-chose d'eux. Quelques bouches de moins à nourrir.

Agnès se résolut à parler de Jobst.

– Il nous sera d'un grand secours. Le cheval et la voiture aussi.

– Je l'ai vu tout à l'heure à côté de toi. J'espère qu'il nous protégera un peu aussi.

– Protéger de quoi ? Agnès sentait à nouveau monter en elle la peur de l'inconnu.

– Des démons, répliqua Thérèse. Sous quelque forme que nous les rencontrions. Elle parlait d'une voix dure et ajouta sans regarder Agnès : Ils portent des habits d'homme.

Le soir, tandis qu'Agnès et les enfants attendaient devant la tente du pâtre Nicolas pour prêter le serment de la croisade, de gros nuages noirs s'amoncelaient. On entendait gronder le tonnerre, et des éclairs déchiraient le ciel.

Agnès essayait de surmonter sa peur en priant, mais elle n'y réussissait guère. L'inquiétude venait constamment se mêler à la prière : « Nous serons complètement trempés et nous aurons froid cette nuit dans ces vêtements mouillés. Thérèse aura-t-elle pu ramasser assez de bois pour que nous puissions nous réchauffer et cuire la soupe ? Pourquoi Jobst ne se montre-t-il pas ? Et pourquoi Nicolas ne sort-il pas enfin de sa tente pour recevoir notre serment ? »

Ils étaient avec d'autres enfants qui n'avaient pas encore prêté serment, parce qu'ils avaient rejoint eux aussi l'armée de la croisade avec du retard. Agnès vit autour d'elle tous ces enfants qui attendaient l'apparition du pâtre, les yeux brillants. Ils priaient avec ardeur et reprenaient inlassablement leurs chants à la louange de Jésus-Christ.

« Pourquoi ne puis-je pas être comme ces enfants, pleine de bonheur et d'espoir, se demanda Agnès. Je ne serais pas rongée par le doute. J'aurais un but à poursuivre.

Alors que je me tourmente et que j'ai peur de l'inconnu. »

Bertram se tenait devant elle. Depuis le départ du père Boniface, l'enfant avait changé. Il n'était plus aussi crispé, et la compagnie de Mathias et de Gallus, un garçon du groupe de Thérèse, semblait lui plaire.

Agnès était plus grande que la plupart des enfants qui priaient et chantaient agenouillés devant la tente de Nicolas. Elle voyait donc mieux que les autres et fut assez étonnée de ce qui se passait devant cette tente. Des hommes entraient et sortaient constamment. Même frère Séverin avait pénétré sous la tente. À l'entrée, étaient postés deux solides gaillards qui pointaient leur lance sur la poitrine de tous ceux qui voulaient entrer. Les visiteurs n'avaient le droit de passer qu'après avoir exposé leur requête et glissé quelques pièces dans les poches des gardes. Nicolas aurait certainement beaucoup à faire s'il devait parler à tous ces gens et délibérer avec eux. Mais pourquoi ne sortait-il pas entre-temps pour que les enfants puissent prêter serment ? La foule de ceux qui attendaient avait grossi, il y avait déjà plusieurs centaines d'enfants qui priaient et chantaient de plus en plus fort, avec de plus en plus d'insistance.

Agnès sentit tout à coup une petite main dans la sienne. Elle n'avait pas besoin de regarder, elle savait que c'était Mathias qui était venu se placer à côté d'elle. Elle serra fermement la main de son frère et sentit en cet instant combien elle l'aimait. Il avait besoin d'elle, comme Bertram.

– Agnès, murmura Mathias, j'ai quelque chose à te dire.

La jeune fille se pencha pour mieux entendre.

– Qu'est-ce qu'il y a, Mathias ?

Mathias colla sa bouche contre l'oreille de sa sœur.

– Tu n'as pas besoin de faire ce serment, Agnès. Je ne le prêterai pas non plus. Il y a un moyen pour qu'il ne soit pas valable.

Agnès prit peur en entendant ces paroles. Que se passait-il dans la tête de l'enfant ? Et pourquoi lui confiait-il ce secret ?

– Quel moyen ?

– Pendant que tu lèves la main pour prêter serment, tu caches l'autre main dans ta poche et tu croises le majeur sur l'index. C'est comme si tu n'avais pas juré. Mais il ne faut le raconter à personne.

– Et pourquoi me le racontes-tu à moi, Mathias ?

– Tu es ma sœur. Et je ne veux pas non plus prêter serment.

Avant même qu'Agnès eût pu répliquer, Mathias avait disparu. Elle le vit tirant après lui Bertram vers l'endroit où se trouvait Gallus. D'où lui venait cette idée ? N'était-ce pas un péché que de se refuser ainsi à prêter serment ? Y aurait-il aussi incité Bertram ?

Agnès vit les têtes des trois garçons se rapprocher, ils ne participaient ni à la prière ni aux chants. Alors seulement elle s'aperçut que l'orage s'amorçait et que de violentes rafales de vent balayaient l'assistance. Il n'y en avait pas pour longtemps avant qu'ils se retrouvent tous sous des trombes d'eau.

Juste à ce moment-là, les gardes s'écartèrent à l'entrée de la tente et l'on souleva les bâches. On vit sortir d'abord quatre moines et, derrière eux, un jeune garçon enveloppé d'une robe blanche de pèlerin. Agnès avait souvent essayé d'imaginer comment était Nicolas. Mais en le voyant maintenant devant elle, elle crut voir un ange descendu du ciel. Ses boucles blondes retombaient sur ses frêles épaules, et son doux visage semblait presque blanc dans le clair-obscur de l'orage qui menaçait. Il regarda la foule de ses grands yeux

brillants. Puis sa voix haute et claire retentit, il parla de la mission que lui avait confiée le fils de Dieu :
– Vous me suivrez pour que nous libérions le Saint-Sépulcre des païens qui le profanent...

Agnès était sous l'emprise de cette voix sonore et limpide qui planait au-dessus de la foule. En cet instant, elle était prête à croire que le royaume des cieux leur était ouvert et que tous les sacrifices qu'il faudrait faire seraient comme autant de fleurs merveilleuses déposées sur le tombeau du Christ.
– Jurez donc, au nom du Père, du Fils...

Un violent coup de tonnerre éclata au milieu du serment, et des éclairs effroyables sillonnèrent le ciel.
– Nous le jurons, par Dieu...

Les voix des enfants se perdirent presque dans la rumeur de l'orage qui s'abattait sur eux. Sans le vouloir, Agnès avait croisé les doigts de sa main gauche. Elle ne s'en rendit compte avec horreur que lorsque Nicolas lança à la foule sa bénédiction avant de disparaître sous la tente.

Elle essaya de retrouver Mathias et Bertram parmi les enfants qui s'éloignaient précipitamment. Les gros nuages avaient éclaté en une averse de grêle, et chacun essayait de trouver un abri. Agnès retroussa sa jupe sur sa tête, pour que les grêlons, dont certains étaient gros comme des cerises, ne lui fassent pas mal. Elle était absolument trempée lorsqu'elle arriva enfin à leur campement. Thérèse et les enfants qui étaient restés avaient quitté leurs vêtements et les avaient roulés pour les protéger tant bien que mal de la pluie. Ils s'étaient glissés sous quelques couvertures. Agnès s'assit dans l'herbe. Les enfants partis avec elle étaient-ils déjà revenus ? Où étaient Bertram et Mathias ?

« Je n'ai pas prêté serment », se dit-elle alors, épouvantée à l'idée du péché qu'elle venait ainsi de commettre. Elle se sentait comme exclue, comme si elle n'avait plus le droit de suivre la troupe. « Je ne peux pourtant pas abandonner Bertram, pensa-t-elle immédiatement après. Ni Mathias. Et nous ne pouvons pas non plus rentrer chez nous. »

L'orage se calmait. Parmi ceux qui sortirent de sous les couvertures, se trouvait aussi Jobst. Il alla jusqu'à la charrette qu'Agnès découvrit à ce moment-là, et rapporta des vêtements secs.

– Mets ça, pour ne pas t'enrhumer, ordonna-t-il en riant. Je savais bien que vous aviez besoin de moi !

Son rire chaleureux faisait oublier le souci. Agnès se réjouissait de son arrivée. Il lui semblait être libérée d'une part de sa charge. Bertram, Mathias et Gallus arrivèrent à leur tour peu après. Mathias lui fit un clin d'œil pour lui confirmer qu'il n'avait pas prêté serment. Au sein de cette armée d'enfants combien devaient-ils être à ne pas croire à l'entreprise qu'ils étaient censés poursuivre ?

Chapitre 4

Le burgrave se retira dans ses appartements avec le père Boniface. Au château, tout était resté comme l'avait installé son frère. Et cela le gênait un peu. Désormais, il était le maître. Et il comptait bien le rester.

– As-tu réussi à convaincre Malwina que son chéri ne manquerait de rien ? demanda-t-il au père. Il servit lui-même le capiteux vin rouge d'une carafe dans des timbales et fit signe à son visiteur de boire avec lui.

Le père Boniface fit un petit sourire.

– Il ne manquera de rien. Mais... la route est longue et le danger guette de toutes parts. Quant à l'état de santé du jeune seigneur, je ne saurais en juger. Le père Séverin aura l'œil sur lui et le protégera... si Dieu le veut.

Le burgrave Jacob partit d'un tonitruant éclat de rire.

– « Si Dieu le veut. » Bien dit, moine ! Les voies du Seigneur sont impénétrables. S'il en décide autrement, nous n'y pourrons rien. Et à ce qu'il me semble, frère Séverin n'y regardera pas de si près !

Le père Boniface se contenta encore d'ébaucher un sourire.

– J'ai tout spécialement confié Bertram à ses soins.

– Bien joué. Le burgrave lui fit passer une lourde bourse à travers la table. Et autant, lorsque je serai sûr que...

Le père Boniface fit vite disparaître la bourse de cuir sous son aube.

– Frère Séverin me donnera des nouvelles.

Il se leva et se dirigea vers la porte. Il n'avait bu qu'une gorgée du vin du burgrave.

– Tout est entre les mains du Seigneur.

– Attends, ne t'en vas pas si vite, moine ! Tu ne m'as pas fait de rapport. Où avez-vous retrouvé la croisade ? Combien d'enfants sont partis pour la Terre sainte et surtout : Bertram a-t-il prêté serment ?

Le père Boniface, qui tendait déjà la main vers la poignée de la porte, se retourna encore une fois, sans pour autant revenir à la table.

– Nous sommes arrivés trop tard à Cologne, je vous l'ai dit. Mais l'armée des enfants progresse lentement. Nous l'avons rattrapée en trois jours. Il y a des milliers d'enfants, mais beaucoup feront demi-tour s'ils trouvent ça trop pénible. C'est pour ça que le serment est important : une fois qu'ils l'ont prêté, ils continuent jusqu'à ce qu'ils tombent d'épuisement. J'ai obtenu une audience auprès de Nicolas pour m'assurer que Bertram prête serment. Et s'il reste, Agnès et son frère ne rebrousseront pas chemin non plus...

Le burgrave but une grande gorgée de sa timbale. Puis il s'essuya la barbe du revers de sa chemise.

– Comment ça, tu as dû demander audience auprès de ce petit berger ? Ce ne doit pas quand même être si difficile d'accéder jusqu'à lui. Et je suppose qu'il n'était pas mécontent du versement pour sa caisse de croisade ?

Son rire retentissant emplissait la pièce, et le moine eut du mal à se faire entendre.

– Des tas d'autres gens interviennent dans cette affaire, finit-il par dire lorsque le burgrave voulut bien l'écouter à nouveau. Nicolas est entouré de gardes du corps qui sont censés le préserver de tous ceux qui pourraient l'approcher de trop près. C'est d'eux que j'ai dû faire le siège pour obtenir quelque chose. Et ils font payer cher leurs services...

– Enfin as-tu vu Nicolas et lui as-tu parlé ? demanda le burgrave d'un ton tranchant.

– Oui. Je l'ai vu et je lui ai parlé.

– Et alors ? A-t-il accédé à ta demande ? A-t-il reçu le serment de Bertram ? Est-il aussi persuadé de sa mission qu'on le prétend ?

Le père Boniface prit son temps pour répondre.

– Bertram a prêté serment, finit-il par déclarer, bien qu'il n'y eût pas assisté. Ensuite frère Séverin est responsable de tout.

– Et Nicolas, quel genre de personnage est-ce ?

Là encore, un fin sourire se dessina sur les lèvres du moine.

– Il est convaincu de sa mission. Les enfants sont pendus à ses lèvres dès qu'il parle ou vient prier avec eux. Ils ont foi en lui et sont prêts à partir et à mourir avec lui.

– Tous ? Pensent-ils tous la même chose ?

Sur ce point le burgrave n'obtint pas de réponse.

Le lendemain de l'orage, Agnès n'eut pas besoin de recompter. Du petit groupe parti avec le père Boniface pour participer à la croisade des enfants, il n'en restait plus que six. Avec Jobst et elle, cela faisait huit.

– Ils sont partis, dit-elle, découragée, à Thérèse. Partis, sans rien dire.

– Est-ce que ça aurait changé quelque chose ? demanda Thérèse d'un ton moqueur. Tu n'aurais pas pu les retenir. Je te l'ai déjà dit. Plus vite ils font demi-tour, mieux cela vaut.

– Mais, reviendront-ils sains et saufs chez eux ? J'ai entendu dire, hier, qu'en amont de la vallée du Rhin des brigands attaquaient les voyageurs. Je me fais du souci.

– Ce n'est pas la peine, Agnès. Ils sont repartis avec d'autres enfants qui connaissaient un chemin plus sûr.

Alors seulement, Agnès s'aperçut que Marion, qui avait à peine huit ans, et sa petite sœur Ève se tenaient à côté d'elle et avaient entendu la conversation. Elles étaient les seules filles qui restaient dans son groupe. Et Agnès aurait bien aimé qu'elles aient rebroussé chemin avec les autres.

– Comment le savez-vous ? Et pourquoi ne m'en avez-vous rien dit ? demanda-t-elle sévèrement. Frère Séverin va vous gronder !

Marion se contenta de rire. C'était une enfant joyeuse, au contraire de la petite Ève, qui regardait autour d'elle de ses grands yeux étonnés et semblait tout à fait ailleurs.

– Et pourquoi êtes-vous restées ? demanda alors Agnès, la menace du frère Séverin n'ayant été apparemment d'aucun effet sur la petite Marion.

– Parce que nous voulons vraiment aller à Jérusalem, répondit Marion. Ève aussi veut voir les murailles dorées, et après ça nous irons au ciel.

Devant tant de foi, Agnès se tut, honteuse. Elle était sûre que les deux enfants avaient prêté serment.

Elle se pencha vers Ève qui ne pouvait guère avoir plus de cinq ans.

– Mais maintenant, restez auprès de moi, que je n'aie pas en plus à me faire de souci pour vous. Et toi, Ève, demande à Jobst si tu ne pourrais pas t'asseoir sur la charrette pour reposer un peu tes pieds tout écorchés.

Un éclair passa dans les yeux de la petite fille. Elle se retourna et courut à l'endroit où Jobst attelait la voiture. Agnès vit le jeune garçon soulever Ève du sol et la poser sur les ballots.

Agnès se réjouissait de cette journée. Tout serait désormais plus facile. Sans bagages, la marche serait moins pénible. Même Thérèse avait pu poser ses ballots.

– Tant que nous n'avons pas de malades à transporter, posez tout sur la charrette, ça économisera vos forces.

Il n'était pas venu à l'idée de Jobst de demander à Bertram s'il voulait aussi s'asseoir sur la voiture. Agnès le chercha des yeux. Il était assis dans l'herbe avec Mathias et Gallus et ne semblait pas se soucier de ce que faisait Jobst. Agnès se dit que Bertram l'évitait. Il n'avait même pas demandé à Jobst pourquoi il les avait rejoints avec le cheval et la charrette. « Il a mis les vêtements propres que sa mère lui a envoyés, mais il n'a pas demandé de ses nouvelles. Il ne faudrait pas que Bertram se renferme comme ça sur son chagrin. Il faut qu'il comprenne que sa mère ne pouvait pas agir autrement. J'en parlerai avec lui. »

Lorsque l'immense troupe se mit en marche ce matin-là, Agnès se plaça à côté

des garçons. Elle essaya d'écouter leur conversation. Mais Bertram restait silencieux.
– Jobst va nous accompagner, finit-elle par lui dire pour amorcer le dialogue. Ta mère nous l'a envoyé.
– Je sais. Mais je n'ai pas besoin de lui.

Agnès perçut l'hostilité dans sa voix. Elle lui posa doucement la main sur l'épaule.
– Nous aurons sans doute tous besoin de lui. Le chemin est encore long, Bertram.

Agnès sentit le jeune garçon se crisper au contact de sa main.
– Tu n'avais pas envie de partir avec père Boniface, reprit-elle, et c'est pour toi qu'on m'a fait partir aussi.
– Tu peux faire demi-tour, comme les autres !

Agnès fut effrayée de la violence de ses paroles.
– Non, Bertram, je ne peux pas faire demi-tour, et d'ailleurs je ne le veux pas. Plus maintenant. Tu devrais me faire confiance, comme autrefois. Pourquoi le burgrave a-t-il voulu que tu partes ?

Bertram n'avait pas envie de répondre à une question posée aussi directement. Mais il resta à côté d'Agnès. Il voulait faire diversion et dit :
– J'ai peine à imaginer comment ce sera à

Jérusalem. Le père Boniface m'a montré sur une carte tout le chemin que nous avons à parcourir. D'abord tout le long du Rhin, puis par-dessus de très hautes montagnes, et à travers l'Italie jusqu'à la mer. Mais pourquoi les eaux de la mer se fendraient-elles ? Tu peux me le dire ? Pourquoi ne pas continuer en bateau ? J'aimerais bien prendre un bateau pour naviguer sur la mer.

Agnès poussa un soupir. La glace semblait rompue. Au moins, maintenant, Bertram lui parlait de nouveau.

– Peut-être que nous sommes trop nombreux et qu'il n'y a pas assez de bateaux, répondit-elle. Mais je ne peux pas non plus imaginer que la mer s'ouvre devant nous. Nous pourrions quand même prendre un bateau pour aller en Terre sainte. Ce serait bien, c'est vrai.

Chapitre 5

Depuis des jours et des jours qu'ils étaient en route, les enfants avaient compris que, dans les villes et les villages qu'ils traversaient, tout le monde n'était pas favorable à leur entreprise. On refusait souvent de leur donner de la nourriture et de leur apporter tout autre forme d'aide, même les églises fermaient parfois leurs portes à l'approche de leur armée. Il y avait trop de bouches à nourrir et quand les enfants s'enveloppaient le soir dans leur couverture, bien souvent leur estomac grondait encore.

Les pères de l'Église de la riche ville de Coblence n'avaient même pas reçu la délégation de l'armée de pèlerins et ils avaient condamné globalement cette croisade. Les enfants n'avaient pas reçu une seule miche de pain, et on leur avait seulement intimé l'ordre de s'éloigner au plus vite.

Nicolas avait dû intervenir pour calmer ses troupes et empêcher les jeunes croisés de pénétrer en masse dans la ville pour s'approprier de force ce qu'on ne leur donnait pas de plein gré.

Agnès et Thérèse ne comptaient pas trop sur les dons de nourriture. Elles avaient appris toutes deux à s'en tirer avec le peu qu'elles avaient. Sur les bords du chemin, on récoltait bien de temps en temps quelques légumes pour cuire une soupe le soir. Elles ne puisaient que rarement dans les provisions de Jobst. Personne ne pouvait encore savoir comment tourneraient les choses.

Agnès avait peur. Ils n'étaient pas partis depuis très longtemps ! Et les jours où elle travaillait comme domestique à la cuisine du château lui semblaient pourtant très lointains. Son unique soutien était les enfants qui avaient besoin d'elle de plus en plus... et Jobst. Elle ne pouvait pas imaginer comment elle s'en serait sortie sans lui.

Le soir, elle entendait à côté d'elle la respiration de Mathias et de Bertram. Marion et Ève dormaient aussi tout près d'elle. Jobst préférait dormir auprès du cheval et de la charrette. À l'armée des croisés étaient venus se joindre tout un tas de mauvaises gens qui n'attendaient que l'occasion de dépouiller les enfants.

Pourtant – quand le temps était beau et que les habitants des villages où ils passaient en descendant vers le midi se montraient généreux –, il arrivait encore que la joie se répandît dans cette immense troupe. Comme aux premiers jours après le départ de Cologne, des chants retentissaient alors. Et lorsque arrivait une bonne nouvelle, elle se transmettait vite jusqu'aux retardataires. L'espoir renaissait alors rapidement, même chez les plus désemparés.

– Demain, nous arriverons à Mayence. C'est une grande ville prospère. L'archevêque nous donnera sa bénédiction. Les habitants nous traiteront bien. Et Nicolas nous parlera de nouveau...

C'était le message du jour.

– Il me tarde d'être à demain, murmura Ève tout endormie tandis qu'Agnès resserrait la couverture sur le corps frêle de l'enfant. Demain, nous reverrons Nicolas.

« Peut-être, pensa Agnès. Il sera quelque part, à la tête de la troupe, entouré de ceux qui s'empressent autour de lui. On dit qu'ils le portent sur une litière. Et au lieu d'une chemise de pèlerin, on raconte qu'il porte un pourpoint de velours. »

Agnès ne voulait pas le croire. Nicolas n'était pourtant qu'un petit berger. Ce n'étaient sans doute que des calomnies comme tant de bruits qui se propageaient dans les rangs des pèlerins. On disait par exemple que des chevaliers pillards rapides comme l'éclair étaient descendus de leur château pour enlever des enfants de l'armée. Agnès avait des frissons dans le dos, à l'idée que la chose eût pu lui arriver.

Comme ils passaient devant de nombreux châteaux en remontant la vallée du Rhin, un silence oppressant pesa sur les enfants. La nouvelle de ces enlèvements avait atteint le dernier tiers de la troupe. « Demain, demain, pensait Agnès, nous arriverons dans cette hospitalière ville de Mayence, et toutes ces horreurs seront oubliées. »

Agnès se leva doucement. Elle n'arrivait pas à trouver le sommeil. Comme Thérèse regardait ce qu'elle faisait, Agnès posa un doigt sur ses lèvres.

– Je descends au bord de l'eau, j'ai trop chaud, lui souffla-t-elle.

Agnès ne portait que sa jupe et sa chemise. Elle n'avait plus remis la chemise de pèlerin depuis que, sans le vouloir, elle avait refusé de prêter serment. Ce secret lui pesait, mais elle n'avait osé jusqu'à présent en parler à personne. Pas même à Thérèse qui n'aurait sans doute fait qu'en rire. Parfois, Agnès aurait aimé être comme Thérèse. Mais, même extérieurement, elle ne ressemblait en rien à sa compagne.

« Je suis laide, se disait Agnès. Je suis maigre, avec des articulations anguleuses, et je n'ai même pas un soupçon de poitrine. Mes cheveux châtains tout frisés sont impossibles à coiffer. J'aimerais tellement être blonde comme Thérèse, avec un teint clair et des yeux bleus. Tous les mouvements de Thérèse sont pleins de grâce, pensait encore Agnès, même quand elle fait un dur travail. »

À la lumière de la lune presque pleine, Agnès trouva sans peine l'étroit sentier qui descendait au bord du Rhin et que les enfants avaient piétiné le soir pour aller se baigner et laver au fleuve leurs vêtements trempés de sueur.

Agnès s'assit au bord du talus en laissant tremper ses jambes dans l'eau fraîche. Ses pieds s'étaient endurcis depuis longtemps en marchant sur les cailloux du chemin, les herbes coupantes et les chardons. Elle avait quitté ses chaussures dès le deuxième jour de marche. Elle marchait toujours pieds nus, l'été. Et, qui sait, peut-être aurait-elle encore besoin de chaussures pour des chemins encore plus rudes.

Lorsque Jobst s'assit à côté d'elle, Agnès n'eut même pas besoin de lever les yeux. Inconsciemment, elle avait désiré sa présence, et elle ne s'étonna donc en rien de le voir auprès d'elle.

– Il me semble qu'il y a une éternité que nous avons quitté le château de Schönfels, commença-t-elle. Et pourtant, il n'y a pas même un mois.

– Tu as peur ? demanda brusquement Jobst.

Agnès ne répondit pas tout de suite.

– Oui, finit-elle par dire. Un peu moins, depuis que tu es là. Mais je me demande si nous y arriverons, et surtout si nous reviendrons jamais.

Jobst réfléchit un moment avant de répondre.

– Que nous revenions ou non, ce sera la volonté de Dieu. Je voudrais trouver quelque part dans le monde un endroit où je ne sois plus domestique. Tu sais combien je t'aime, Agnès, est-ce que tu resterais auprès de moi ?

– Oui, répondit tout simplement Agnès. (Puis elle ajouta :) Mais nous ne pourrons pas. Il faut que nous ramenions Bertram chez lui. Nous en avons fait la promesse à sa mère.

Jobst prit entre ses deux mains la mince petite main d'Agnès.

– Nous le protégerons et, s'il le désire lui-même, nous le ramènerons. Mais je te le jure, Agnès, je n'userai plus jamais mes forces pour un maître. Et toi non plus, il ne le faut plus.

Agnès frissonna à ce serment. Elle était sûre que Jobst pensait sincèrement ce qu'il disait. Mais, peu à peu, elle sentait monter en elle la joie de l'amour que venait de lui avouer Jobst. Et en même temps grossissait la peur de l'inconnu qui les attendait.

– Non, Jobst, répondit-elle doucement, plus jamais.

Les conseillers de Nicolas étaient avisés. Ils avaient constaté depuis longtemps qu'une extrême lassitude se répandait dans l'armée. Ils s'entendaient tous à penser que seul un nouveau grand moment, un peu comme celui du serment, pourrait persuader les enfants de poursuivre patiemment la marche en dépit de toutes les difficultés.

Ils avaient donc envoyé depuis plusieurs jours à Mayence une ambassade chargée de tout préparer. Il s'agissait non seulement d'obtenir des provisions et l'ouverture des portes de la ville, mais aussi la participation de l'archevêque à la cérémonie.

Toutefois, les nouvelles qui revenaient de Mayence n'étaient pas franchement encourageantes. Une rude sécheresse contraignait les habitants à garder jalousement les clefs de leurs greniers. Il faudrait beaucoup d'habileté pour les convaincre de faire autrement.

L'archevêque, au contraire, était plutôt consentant, espérant, en accordant son soutien à l'armée des enfants, obtenir l'aide de Dieu pour sa ville.

Et puis, le clergé de la ville ne voulait pas être en reste par rapport à celui de Cologne. Le pape Innocent III n'avait-il pas appelé à une ultime croisade pour libérer définitivement la Terre sainte ? Et tous les signes du ciel n'annonçaient-ils pas l'approche du Jugement dernier ? Éclipse solaire, éclipse lunaire, comètes et autres événements épouvantables comme les guerres et les épidémies, la famine et la sécheresse n'étaient-ils pas autant de signes avant-coureurs dont il fallait tenir compte ? Dieu ne voulait-il pas faire passer un message par l'intermédiaire de ces enfants innocents ?

Un signe pour qu'ils reviennent à la vraie foi ?

Toutes ces raisons avaient finalement amené les habitants de Mayence à promettre, en maugréant certes, et sans être tout à fait convaincus de l'efficacité de leur action, d'approvisionner dans toute la mesure du possible l'armée des enfants. Il avait été convenu toutefois qu'elle établirait son campement à l'extérieur des murs de la ville, et que les gardes ne les laisseraient ensuite entrer que par petits groupes pour aller prier dans la cathédrale.

Les émissaires de l'armée avaient cru habile d'accepter ces conditions. Ils projetaient une grandiose apparition de Nicolas qui resterait gravée dans la mémoire des bourgeois de Mayence comme dans celle des croisés. Après ça, plus personne n'oserait être pingre, à moins de vouloir compromettre son salut.

Frère Séverin était resté avec deux gardes du corps auprès de Nicolas. Il était chargé du soutien spirituel du jeune pâtre qui, tous les matins, descendait paresseusement de sa molle couche de fourrure pour se montrer aux enfants.

Au bout d'une heure de marche en tête de l'armée, il en avait généralement assez. Ou bien il s'installait alors sur une voiture tout spécialement tenue à sa disposition, ou bien il se faisait porter en litière. Il y en avait toujours qui considéraient comme un honneur d'être admis dans l'entourage immédiat de Nicolas. Même s'ils devaient pour cela fournir un dur travail. Un sourire du jeune garçon leur semblait une récompense suffisante pour une journée entière d'efforts.

Mais frère Séverin était inquiet de cette évolution. Il savait bien que ceux qui suivaient la croisade, épuisés, les pieds en sang et couverts d'ampoules, ne comprendraient pas forcément très bien le comportement de Nicolas.

– Qu'est-ce qu'il t'arrive ? lui demanda-t-il sévèrement juste avant d'arriver à Mayence. Tu ne peux pas appeler des milliers d'enfants à te suivre, et puis changer d'avis en cours de route !

Nicolas regarda frère Séverin avec des yeux d'enfant étonné.

– Je n'ai pas changé d'avis. Simplement, je ne résiste pas toujours à la fatigue physique de la marche. Crois-moi, frère Séverin, je sens venir en moi de grandes choses... peut-être une nouvelle apparition du Seigneur. Mais cela épuise mes forces. Il ne me viendrait jamais à l'idée...

Le moine eut un geste d'irritation. Il

n'avait rien à répondre à cette défense, même s'il ne croyait pas un mot de ce que lui racontait Nicolas. Le jeune garçon se retranchait trop souvent derrière sa mission. Qui, en dehors de lui, aurait pu prouver que le Seigneur lui était apparu ? Cette croisade tombait à point aux yeux de l'Église, parce que les chevaliers ne se montraient plus très empressés à prendre la croix pour aller se battre sur des terres lointaines. Ces enfants innocents leur feraient honte. Frère Séverin trouvait maintenant douteux une bonne part de ce que l'on racontait sur Nicolas ou de ce que celui-ci lui avait dit lui-même. Il lui semblait que s'y ajoutaient constamment des éléments dont il n'avait pas été question auparavant. En était-il aussi quelque peu responsable ? On lui avait confié le soin d'éduquer Nicolas, et il s'était acquitté jusqu'alors de cette tâche avec la plus grande rigueur. Du reste, Nicolas était incontestablement un élève doué, qui comprenait vite et semblait avoir sucé avec le lait maternel le talent de la prédication. À cela venait s'ajouter le son pur de sa voix et l'image d'un enfant que les spectateurs enthousiastes prenaient presque pour un ange.

Frère Séverin soupira en considérant le

jeune garçon qui avait baissé ses longs cils pour se dérober à son regard. « Si seulement j'étais resté à Cologne », pensait-il. Et comme bien souvent déjà, il essaya de comprendre si c'était l'honneur de cette mission ou les avantages annexes qui l'avaient poussé à quitter la paix de son monastère. Ou bien était-ce le goût de l'aventure qui l'avait incité à donner son accord ?

Le père Boniface lui en avait fait la proposition, non sans en espérer quelque profit personnel, à ce qu'il lui avait semblé. « Il faudrait que je m'occupe un peu de ce jeune seigneur que son beau-père voulait éloigner », se dit-il.

Cette pensée disparut de l'esprit du moine aussi vite qu'elle y était venue. Il était bien plus occupé à planifier l'évolution des choses depuis que l'armée des enfants avait quitté Cologne. Les belles promesses quant à l'aide qu'ils recevraient des villes et des villages par lesquels ils passeraient ne s'étaient guère réalisées. Au contraire, ils avaient dû le plus souvent mendier pour obtenir le minimum vital. Et, en chemin, une racaille de plus en plus nombreuse s'était agglutinée à la croisade pour voler aux enfants le peu qu'ils possédaient.

Un ordre plus rigoureux s'était établi progressivement, lorsque les hommes que l'archevêque de Cologne avait envoyés aux côtés de Nicolas pour diriger l'armée s'étaient aperçus que les enfants qui rebroussaient chemin étaient plus nombreux que les nouveaux arrivants.

Mais frère Séverin ne faisait même pas confiance aux responsables de l'organisation de la croisade. Qui pouvait calculer exactement combien de pain et de son il faudrait pour nourrir cette armée, combien de lait et de légumes ? On aurait dit que tout disparaissait dans un tonneau sans fond. Et Nicolas lui-même avait pris goût aux bonnes choses. Il préférait le rôti à la bouillie de céréales.

« Ai-je refusé que ma coupe soit toujours remplie du meilleur vin ? se demanda frère Séverin. Non, je me suis même arrangé pour être bien vu de Farold et de Hickler qui savaient tous deux mieux que les autres où trouver les mets les plus raffinés pour Nicolas et pour moi. Ce sont tous des filous qui ont su faire valoir leurs talents auprès des plus hauts prélats de l'Église à Cologne afin d'être choisis pour conduire la croisade, soupira frère Séverin. Moi-même ce n'est pas de façon tout à fait désintéressée que je suis parti. Quand aurais-je pu avoir une autre occasion de voir le monde ? Du fond de mon cloître, je ne pouvais qu'en rêver. »

Mais la réalité avait eu tôt fait de le rattraper. Dans ses pires cauchemars, il n'avait pu se représenter ce que c'était que d'envoyer une pareille foule d'enfants en Terre sainte.

« Me suis-je enivré de vin pour ne pas être forcé de voir exactement ce qui se passait ? » Frère Séverin soupira encore. On faisait suivre les malades aussi longtemps qu'on pouvait, mais ensuite, il fallait les abandonner au bord du chemin. Des enfants sans défense. Personne ne les avait comptés, et personne ne savait combien étaient déjà morts en chemin.

« Les anges nous accompagneront, avait dit un jour Nicolas aux enfants. Et les portes du ciel nous serons grandes ouvertes ! » Nicolas s'était-il donné la peine, une seule fois, d'aller voir ceux qui le suivaient, de regarder leurs pieds meurtris, et les chaudrons où cuisait le maigre potage qui devait nourrir tant de bouches ? Avait-il une seule fois dormi à la belle étoile en s'enveloppant la nuit dans une couverture déchirée ? « Ils ont faim et froid, ils sont malades et à bout de forces. Et ils portent pourtant en eux un indicible espoir ! »

Frère Séverin essaya de refouler la honte dont il se sentait envahi. « N'ai-je pas ma part de responsabilité dans tout cela ? se demanda-t-il. Mais qui pourrait venir en aide à des milliers d'enfants » ?

Chapitre 6

Agnès apercevait déjà au loin les tours de Mayence. « Ce n'est plus très loin », pensa-t-elle. Elle se réjouissait de pouvoir enfin se reposer. La marche de la journée avait été pénible, et elle avait laissé à ses protégés la place sur la charrette. La petite Ève, surtout, ne pouvait plus mettre un pied devant l'autre. De temps en temps, elle titubait. Alors, Jobst la hissait sur ses larges épaules, et l'enfant lui adressait un sourire plein de gratitude.

Une violente discussion attira l'attention d'Agnès sur Bertram, Mathias et Gallus. Et, brusquement, les trois garçons se mirent à se battre, sans se soucier des suivants qui devaient faire un détour pour passer à côté d'eux.

– Arrêtez ! cria Agnès. (Elle tira sur le côté Mathias qui, au même instant, se jeta à nouveau sur Bertram.) Arrêtez immédiatement !

Lorsqu'elle réussit enfin à séparer les trois combattants, Bertram saignait du nez, il avait une blessure à la lèvre, Mathias avait le visage tout griffé, et Gallus s'en alla furieux en boitant.

– Vous n'avez pas honte ? Vous prétendez apporter la paix à Jérusalem, et vous n'êtes même pas capables de la faire régner ici.

– C'est lui qui a commencé, s'exclama Mathias pour se défendre. Ici, nous sommes tous égaux. Il a été noble...

– Ce n'est pas la question, cria Bertram révolté. Vous avez insulté ma mère. Lorsque je reviendrai, c'est moi qui serai le seigneur, et pas le marmot qu'elle va avoir de Jacob !

Agnès nettoya le sang sur le visage des deux enfants. Elle n'émit aucun commentaire sur la querelle qui avait éclaté entre eux. Il lui aurait fallu une heure de tranquillité, une petite pause en cours de route ne pouvait suffire. Il était temps de rattraper les autres.

– Dépêchez-vous, se contenta-t-elle de dire. Et arrêtez de vous disputer.

Elle attrapa fermement Bertram par le

poignet et le traîna derrière elle. Mathias les suivait, deux pas en arrière. N'aurait-elle pas dû trouver au moins un mot de consolation pour Bertram ? Il avait un regard sombre, plongé en lui-même, et ne cessait de se frotter le visage de sa main libre. Agnès soupçonna que ce n'était pas uniquement pour éponger le sang qui coulait de sa blessure à la lèvre. Mais qu'aurait-elle pu objecter à ses larmes ? Qu'aurait dit la mère de Bertram à sa place ?

Cette dispute permit à Agnès de se faire une idée de ce qui se passait dans la tête du garçon. Elle avait pitié de cet enfant parce qu'il gardait tout pour lui.

« C'est sans doute pour ça qu'il s'est battu, pour trouver un exutoire à sa tristesse. » Thérèse marchait quelques pas devant elle. Elle tenait Gallus par le poignet. Agnès ne pouvait pas entendre ce que lui disait Thérèse, mais ce n'était certainement pas très flatteur. Bertram retira sa main de celle d'Agnès.

– Tu le savais, Agnès ? demanda-t-il.

– J'étais censée savoir quoi ?

– Que ma mère attendait un enfant de lui.

Agnès fut heureuse qu'il décidât spontanément d'en parler maintenant.

– Personne ne me l'a dit, répondit-elle sincèrement. Mais je m'en suis aperçue moi-même, lorsque ta mère m'a fait appeler.

– Elle ne m'en a pas parlé, dit-il méchamment. Elle m'a fait partir en essayant de me persuader que je devais le faire pour expier les péchés de mon père. Mensonges, tout ça n'était que des mensonges.

Agnès essaya de le calmer.

– Elle t'a dit ça ?

Bertram hésita un peu.

– Non, pas elle, père Boniface. Elle ne faisait que pleurer...

– Qui est-ce donc qui te l'a dit, Bertram ? Et qu'est-ce qu'on t'a dit ?

– Mathias. Il le savait depuis longtemps. Mais je leur montrerai ! Attendez que je retourne à la maison !

– Oui, Bertram. Mais pas avant. En attendant, tu n'as pas le droit de décharger ta colère sur les autres. Ils n'y peuvent rien.

Le jeune garçon reprit la main d'Agnès. Elle sentit qu'il tremblait.

– Oublie tout ça pour l'instant, reprit-elle. Tu auras bien le temps d'y réfléchir par la suite. Et si tu veux, je t'aiderai.

Tout en parlant, ils s'étaient rapprochés des autres. Agnès vit aussi Jobst qui portait la petite Ève. Il avait mis entre les mains de Rupert, qui faisait partie de son groupe depuis le début, les rênes du cheval qui tirait la charrette avec son chargement. Il y aurait eu dix fois assez de place pour Ève sur la voiture. Mais Jobst adorait avoir la fillette auprès de lui, et il la gâtait de toutes les façons possibles.

– Va, Bertram, monte un peu sur la charrette, dit Agnès. Tu as assez marché pour aujourd'hui.

Bertram courut vers la voiture, et Agnès le vit se hisser agilement sur la charrette par l'arrière.

« Comme ça, au moins, il pensera à autre chose », espéra-t-elle.

Agnès se retourna vers Mathias qui marchait juste derrière elle.

– Tu as tout entendu ? demanda Agnès à son frère.

Mathias fit un signe affirmatif en prenant un air coupable.

– Il n'a pas besoin de jouer les maîtres. Il m'a mis hors de moi.

– Comment étais-tu au courant ?

Mathias se donna un air supérieur.

– Tu crois que je n'ai pas entendu ce qui se disait au château ? Je le sais depuis plus longtemps que toi. Et que le burgrave voulait se débarrasser de lui, je le sais également.

Agnès prit peur.

– Mais tu ne vas pas le répéter à Bertram !

– Il le sait très bien. Et c'est pour ça que nous n'avons d'ailleurs pas...
– Quoi Mathias ? Qu'est-ce que vous n'avez pas fait ?
– Juré ! répondit Mathias d'une voix volontairement assez faible pour que sa sœur ne pût le comprendre.

Sur quoi, il partit aussi vite que possible, abandonnant Agnès à ses pensées.

Dès les premiers jours de marche, on s'était aperçu qu'il pouvait être utile d'envoyer quelques hommes en éclaireurs pour rassembler des provisions et choisir l'emplacement du camp pour le soir. Les accompagnateurs de Nicolas se chargeaient de cette tâche à tour de rôle. Farold et Hickler avaient su s'arranger pour être de ceux qui prépareraient l'arrivée de la croisade des enfants à Mayence. C'était pour eux une bonne occasion de retrouver Pontian, ainsi qu'il en avait été convenu à Cologne. Précisément, ils ne l'avaient pas revu depuis le jour où celui-ci avait fait le nécessaire pour qu'ils puissent se glisser dans le groupe qui se trouvait à la tête de l'armée. Ils avaient pour mission de faire à Pontian un rapport exact des événements et d'amener le plus grand nombre possible d'enfants en bonne santé jusqu'à Gênes, où ils seraient embarqués pour Alexandrie.

Dans le dédale des ruelles de Mayence, ils n'eurent aucun mal à s'attarder sans que les autres s'en aperçoivent. Il fallait encore savoir quelle était l'auberge où celui qui leur avait donné les ordres attendait, depuis plusieurs jours, l'arrivée de l'armée des enfants. Mais ils eurent de la chance et se retrouvèrent vite devant lui.

– Asseyez-vous, dit Pontian, dont on voyait sans peine qu'il était originaire d'un pays du midi. Et racontez-moi.

Hickler rechigna. Il n'avait pas envie d'être vu avec Pontian. Farold aussi aurait préféré n'être pas observé. Qui sait si personne n'avait été informé des intentions de Pontian de vendre des enfants de la croisade sur le marché aux esclaves d'Alexandrie ? Il le lui dit d'ailleurs.

– Espèce de lâches ! Que voulez-vous qu'il vous arrive ? On vous aura vu en conversation avec moi, et après ? Ne se pourrait-il pas que vous ayez voulu prendre des précautions, pour le cas où la foi dans les pouvoirs de Nicolas vacillerait un peu, non ? Et tout le monde ne devrait-il pas vous être reconnaissant d'avoir été assez prévenants pour que des bateaux aient été préparés pour emmener l'armée des croisés...

– Chut ! fit Hickler. Nous avons été envoyés en éclaireurs pour assurer l'approvisionnement de l'armée et garantir la sécurité de la ville. En route, toutes sortes d'individus sont venus s'adjoindre à la croisade. Il pourrait y en avoir un parmi eux qui nous épie et qui en tire son profit.

Le rire moqueur de Pontian retentit à nouveau dans la salle d'auberge où les deux hommes l'avaient trouvé devant un pichet de vin.

– Bon, d'accord. Alors buvez le vin, il est payé. J'ai une chambre à l'étage. Venez m'y rejoindre, mais l'un après l'autre si vous êtes aussi soucieux de passer incognito.

Tous deux suivirent des yeux l'homme qui montait agilement l'escalier. Ils lui enviaient la richesse et la propreté de ses vêtements. Leur tenue au contraire était celle de voyageurs en route depuis longtemps. Farold fit signe à l'aubergiste de leur apporter deux coupes, mais Hickler ne pouvait plus attendre. Il attrapa la coupe de Pontian et la remplit de vin.

– La poussière du chemin m'a desséché la gorge.

Lorsque l'aubergiste apporta les coupes, Hickler se servit une deuxième fois. Farold tordit la bouche avec dégoût. Il n'avait pas manqué de remarquer déjà, dans d'autres circonstances, l'avidité de Hickler. Il ne lui plaisait guère de l'avoir pour partenaire dans cette entreprise risquée. C'est pourquoi il partit le premier rejoindre Pontian. Hickler fut tout à fait content de garder pour lui seul le reste du pichet, sans se soucier du fait que ce vin, alors qu'il n'était pas habitué à en boire, diminuerait sa vigilance.

Farold trouva Pontian penché sur des papiers. Il ne savait pas s'il devait simplement s'approcher et s'asseoir sur la chaise de l'autre côté de la table. Mais il finit quand même par surmonter sa timidité à l'égard de cet homme pour qui il avait accepté la charge de suivre la marche des enfants, et il s'assit.

Pontian le considéra un instant en plissant les yeux. Cela le faisait paraître plus âgé qu'il ne l'était sans doute en réalité. Farold lui donnait environ trente-cinq ans.

– C'est très bien que tu sois venu le premier. Fais-moi ton rapport.

Farold résuma les choses du mieux qu'il put.

– Ils sont nombreux à avoir répondu à l'appel de Nicolas. Et les recruteurs envoyés dans tous les azimuts ramènent à l'armée des groupes plus ou moins importants. Cela permet de combler les vides.

– Un peu plus de précision, Farold. Tu as appris à compter, tu seras bien capable de me dire d'où viennent les défections.

Farold rougit. Le reproche le rendait à nouveau incertain.

– Ils étaient au moins deux fois dix mille à notre départ de Cologne, reprit-il, essayant de retracer consciencieusement ce qu'il avait pu observer. Nous avons réparti les enfants en groupes, avec à chaque fois des plus âgés et des plus jeunes, des garçons et des filles. Cela nous a permis d'y voir à peu près clair et de mieux évaluer combien avaient fait demi-tour, étaient tombés malades, ou même étaient morts, puisque c'est arrivé aussi...

– Combien d'enfants sont-ils encore dans la croisade ? intervint Pontian, coupant la parole à Farold qui se perdait à nouveau dans des digressions.

– Quinze mille, je pense. À quoi viennent encore s'ajouter les autres, qui n'ont rien à voir avec l'armée des enfants.

Farold essuya de sa manche la sueur qui perlait à son front. Il avait quitté sa chemise de pèlerin marquée de la croix pour ne pas se faire remarquer en ville. Et, dans sa misérable blouse, il éprouvait un sentiment d'infériorité à l'égard de Pontian, drapé dans ses vêtements somptueux.

« Quand j'aurai terminé ce voyage, se jura-t-il en cet instant, je m'habillerai aussi comme un grand seigneur. Et personne n'aura plus à m'ordonner quoi que ce soit. »

Pontian vint le troubler dans ses pensées.

– Combien de ces enfants arriveront-ils en bonne santé à Gênes, selon toi ?

Farold aurait eu envie de lui répondre : « Je n'en sais rien ! Le chemin est long et très ardu. Les enfants sont plus vulnérables que les adultes et les routes peu sûres. » Mais il n'osa pas adresser une telle réplique à celui pour qui il travaillait. Il se contenta donc de répondre :

– La moitié... sans doute.

Le Méridional hocha la tête.

– Cela ferait environ huit mille, ou dix mille tout au plus. Si tu ne te trompes pas.

Farold éprouva de nouveau une violente colère contre Pontian. Il sentait une morgue à laquelle il n'avait rien à opposer.

– Il vous faudra diviser l'armée en deux, déclara Pontian. Le passage des cols des Alpes est une entreprise difficile, même en plein été. Il faut que vous les franchissiez le plus vite possible, dis-le à ton Nicolas. Et s'il devait s'obstiner à vouloir conduire son armée d'un bloc par-dessus les Alpes, fais-lui-en passer l'envie. J'en sais plus long sur ce point qu'un gamin qui n'a jamais fait que garder des moutons.

– Je le lui dirai. Mais il y a autre chose dont je voudrais vous parler. Je suis chargé de faire en sorte que le plus grand nombre possible d'enfants arrivent en bonne santé à Gênes pour qu'on nous les paie un bon prix. J'aurais bien besoin d'une partie de mes gages.

Malgré lui, les deux dernières phrases avaient pris l'intonation d'une prière.

Pontian plongea la main dans un sac de voyage posé sur la table. Sans un mot, il tendit à Farold une bourse de cuir. Après quoi, il lui fit signe de sortir.

– Nous nous retrouverons à Gênes. Dis-le aussi à Hickler.

Farold cacha la bourse sous son pourpoint en descendant l'étroit escalier de bois. D'un coup d'œil sur la salle, il avait vu que Hickler était toujours assis devant son pichet de vin. La tête posée sur la table, ivre, il semblait s'être endormi.

– Eh, Hickler, réveille-toi, dit Farold en secouant son comparse.

Celui-ci releva la tête et regarda d'un air ahuri celui qui troublait ainsi son repos.

– Qu'est-ce qu'il y a ?

– Viens, Hickler, il faut partir d'ici.

Farold s'impatientait. L'aubergiste l'aida à remettre Hickler sur ses pieds et à le mener dehors. Dans la rue, Farold le traîna sur ses épaules jusqu'à l'auberge où ils s'étaient installés avec les autres. Là, il le laissa brutalement tomber sur la paille.

– Vous vous soûlez, et il faut que nous fassions tout le reste du travail, leur reprochèrent ceux qui avaient été envoyés avec eux en éclaireurs.

– Nous vous avions perdus, répondit faiblement Farold en guise d'excuse.

Puis il se coucha dans la paille à côté de son compagnon qui ronflait. Il savait bien que cela ne ferait qu'augmenter l'hostilité des autres.

Sous le pourpoint de Farold, la bourse de cuir pesait sur sa poitrine. Pas une des pièces qu'elle contenait ne devait un jour appartenir à Hickler. « C'est un danger pour moi, se dit Farold. Hickler en sait trop. Et ce qu'il sait, il ne serait pas impossible que d'autres l'apprennent bientôt. » Il ne fallait pas que trop de monde fût au courant de l'affaire sordide qui se préparait avec ces enfants, et il ne fallait surtout pas que soient au courant des gens comme Hickler, incapables de tenir leur langue une fois qu'ils avaient bu.

Farold lui-même n'avait été informé des véritables raisons pour lesquelles on attirait des milliers d'enfants hors de chez eux que par Hickler. Près de dix ans s'étaient écoulés depuis la dernière croisade et, sur les marchés d'Orient, les esclaves blonds au teint clair s'étaient faits rares. C'est pourquoi des marchands roués avaient essayé de tirer profit de l'apparition qu'avait eu le pâtre Étienne à Vendôme. Sous l'effet de leur propagande active, des milliers d'enfants étaient partis, avec Étienne et la bénédiction de l'Église, pour Marseille s'embarquer sur les bateaux qui les y attendaient, et devaient prétendument les emmener à Jérusalem.

Mais ce n'était pas assez. Il fallait une deuxième croisade, partant d'Allemagne cette fois, pour renforcer la crédibilité de la première. Qui pourrait alors leur reprocher d'avoir eu des projets malhonnêtes ?

De même qu'en France le pâtre Étienne avait appelé à la croisade, il fallait quelqu'un en Allemagne pour lancer l'appel. On avait trouvé, en la personne du jeune Nicolas, un garçon doué et ambitieux qui avait vite cru lui-même au rôle qu'on lui faisait jouer. Il pensait véritablement que le Sauveur lui était apparu, alors que c'était le fruit d'habiles subterfuges. Mais

Nicolas était extraordinairement doué pour susciter chez les enfants l'extase religieuse. Ils auraient donné leur vie pour avoir leur place au paradis !

Du reste, beaucoup y perdraient effectivement la vie, pensa Farold. Seuls les plus sains et les plus résistants arriveraient à Gênes. Là, ils constateraient que les eaux de la mer ne se fendaient pas, ils couvriraient Nicolas d'insultes et d'opprobre, et ne seraient que trop disposés à se laisser embarquer sur les bateaux qui les attendraient et seraient censés les rapprocher du but. Seulement, le but ne serait pas Jérusalem. Le marché aux esclaves d'Alexandrie attendait les enfants. Combien seraient-ils à arriver jusque-là ?

Chapitre 7

La petite Ève avait réussi à se faire admettre parmi ceux qui assisteraient à la messe que célébrerait à Mayence l'archevêque Siegfried III. Agnès avait deviné toutefois que si elle voulait aller à la cathédrale, ce n'était pas uniquement à cause de la messe, mais parce qu'elle avait appris de Marion que Nicolas s'adresserait ensuite aux enfants et aux fidèles de Mayence.

Très tôt, ce matin-là, un messager de frère Séverin était venu les trouver.

– Êtes-vous ceux dont frère Séverin a la charge de s'occuper ? Une jeune fille prénommée Agnès et un garçon qui se nomme Bertram ? Est-ce vous ?

– Oui, répondit Agnès qui préparait la soupe du matin.

Thérèse lui prit la cuillère à pot, pour qu'elle se relevât et ne restât pas à genoux devant le messager.
– Qu'y a-t-il ? Pourquoi frère Séverin vous a-t-il envoyé ?

Le messager, lui aussi presque encore un enfant, examina Agnès des pieds à la tête avant de parler.
– Et où est le sieur Bertram ?

Agnès fit un signe vers le fleuve. « Il doit être par là avec Mathias et Gallus, pensa-t-elle. Mais il reviendra pour manger. »
– Vous avez été choisis pour faire partie du premier groupe qui entrera dans la ville et vous entendrez la sainte messe.
– Qui exactement ? s'enquit Agnès.
– Bertram et toi, personne d'autre.

Agnès redoutait d'être séparée des autres.
– Alors nous ne viendrons pas. Je m'occupe aussi d'autres enfants.

Le messager resta perplexe. Avait-il mal compris sa mission ? Après quelque hésitation, il reprit :
– Bon, mais pas plus de quatre ou cinq.

Agnès comprit qu'elle ne pourrait pas le contraindre à lui concéder davantage. Il n'y était du reste pas habilité.
– Nous serons cinq.

Elle le regarda s'éloigner rapidement et

disparaître puis appela Jobst pour lui faire part de la nouvelle. Mais Jobst s'était déjà renseigné, il savait que les enfants n'étaient admis à franchir les portes de la ville que par petits groupes.

– Les autres iront plus tard ; qui sait seulement s'ils veulent tous entrer dans la ville ?

Il fallait en tout cas que Jobst les accompagnât. Bertram tenait à ce que Mathias vînt aussi. Thérèse devait être avec eux. Enfin, la petite Ève gémit jusqu'à ce que Jobst lui lance en riant :

– Alors, il faudra que tu me laisses te porter tout le temps pour que nous ne soyons quand même pas plus de cinq.

L'enfant compta sur ses doigts de l'air le plus sérieux : Agnès, Jobst, Thérèse, Bertram, Mathias. Puis elle fit de la tête un signe d'approbation et dit :

– Oui, Jobst, tu me porteras sur tes épaules. Comme ça, je verrai mieux Nicolas.

Et le petit groupe se mit en route dès qu'ils eurent tous mangé leur soupe. Rupert et Gallus étaient chargés de veiller sur les autres, et de bien garder surtout le cheval et la charrette.

– Il faudrait qu'on me vole avec ! s'écria Rupert dans un éclat de rire et il s'assit tout de suite sur la charrette, tandis que Gallus s'occupait du cheval.

Frère Séverin était posté à la porte de la ville où les avait envoyés le messager.

– Je n'attendais qu'Agnès et le sieur Bertram, observa-t-il sur un ton de reproche.

– Je veux voir Nicolas, supplia Ève en joignant ses petites mains, alors qu'on ne lui demandait rien. Je vous en prie, je vous en prie.

Frère Séverin ne put résister aux prières de l'enfant. Sans doute trouvait-il aussi de bon augure, pour le succès de Nicolas, qu'une aussi petite fille nourrît un si fort désir de le voir. Il répondit en soupirant :

– Suivez-moi donc. Je ne peux pas vous faire faire demi-tour.

Ils franchirent tous les six la porte de la ville derrière le gros moine. Agnès fut étonnée de voir tant de riches demeures et de gens élégants. Elle n'avait encore jamais connu rien de pareil. La petite bourgade de Schönfels n'aurait su se comparer à cela. Jérusalem serait-elle encore plus grande et plus somptueuse ?

La petite Ève trottinait à côté de Jobst, qui lui donnait la main pour qu'elle ne se perdît pas dans la bousculade. En arrivant sur la place de la cathédrale, il la remit sur ses épaules. Ils ne réussirent pourtant pas à pénétrer à l'intérieur de l'édifice. Les gens étaient venus trop nombreux voir ce Nicolas, à qui Jésus-Christ était apparu en personne pour lui donner mission de réunir une armée d'enfants et de la conduire sur les Lieux saints à Jérusalem.

Mais, étant donné les informations qui étaient arrivées même jusqu'aux oreilles des édiles de la ville de Mayence, les habitants tenaient leurs enfants à distance de l'armée des croisés. Ce qu'ils avaient pu en voir jusqu'alors au pied de leurs remparts ne faisait pas très bonne impression. En revanche, ils étaient prêts à faire des dons pour que les enfants de la croisade emportent au moins en Terre sainte la bonne réputation de la cité.

Le chant de voix innombrables résonnait dans la cathédrale, mais de l'extérieur ceux qui attendaient ne perçurent presque rien du sermon de l'archevêque. On les avait toutefois rassurés, Nicolas viendrait les voir après la messe pour proclamer encore une fois sa mission sacrée.

Agnès piétinait sur place. Jobst sentit sa nervosité.

– Qu'est-ce que tu as ? lui demanda-t-il. Il viendra. Prends patience.

La petite Ève s'agitait aussi sur ses épaules. Elle voulait à tout prix voir Nicolas.

– Avance encore, s'il te plaît.

Ils se frayèrent un chemin à travers la foule jusqu'au portail. Agnès ne les suivait qu'à contre-cœur. Elle redoutait qu'il devînt visible qu'elle n'avait pas encore prêté serment pour la croisade. Elle contemplait l'architecture de la cathédrale, le regard vers le haut. Un ciel bleu sans nuages s'étendait au-dessus d'eux. Dieu lui pardonnerait-il d'être là avec les autres, un péché au fond de son cœur ?

Un murmure suivi d'un grand cri parcourut alors l'assistance. Accompagné de l'archevêque, Nicolas apparut sous le porche. Il portait une robe de pèlerin d'un blanc immaculé, et leva les deux mains pour apaiser la foule qui hurlait d'enthousiasme. Certains, tombés à genoux, piquaient de véritables crises d'hystérie en demandant la bénédiction du pâtre. Mais l'archevêque le poussa un peu sur le côté et bénit lui-même la foule assemblée. Puis il se retourna et rentra avec son escorte dans la cathédrale, comme s'il ne voulait rien avoir à faire avec eux.

L'heure de Nicolas était venue. Sa voix aiguë et claire portait loin : il proclama sa mission et exhorta les habitants de la ville à soutenir généreusement l'armée des enfants.

– Non pas pour une récompense ici-bas ! C'est Dieu qui vous rendra le bien que vous aurez fait à ces enfants...

Agnès n'écoutait pas vraiment. Elle regardait autour d'elle, stupéfaite. Pourquoi étaient-ils tous aussi déments ? Ils buvaient les paroles de ce jeune garçon sous le porche, comme si Jésus-Christ en personne était venu leur parler.

La petite Ève regardait droit devant elle, comme envoûtée.

– Il m'a regardée, ne cessait-elle de répéter à l'oreille de Jobst. Je t'assure, Jobst.

« Pourquoi ne puis-je pas être aussi crédule que les autres ? » se demanda Agnès. Elle se souvenait du jour où elle avait entendu le père Boniface sous le porche de l'église Sainte-Marie. Déjà, ce jour-là, l'angoisse qu'elle en avait éprouvée avait été plus forte que sa foi dans les paroles du prédicateur. Cette même angoisse, elle la sentait à nouveau peser sur sa poitrine. « À quelle distance sommes-nous encore de la Terre sainte ? » se demandait-elle.

Elle regagna le camp avec les autres presque sans un mot. Elle sentait sur elle le regard des nombreux enfants qui n'avaient pas eu le privilège de voir et d'entendre Nicolas.

Ève passait devant eux en lançant à tous ceux qui voulaient l'entendre :

– On dirait un ange. Il a une robe blanche et des boucles d'or. Et sa voix est aussi claire que le tintement d'une clochette...

Tandis qu'elles préparaient le repas de midi exceptionnellement opulent grâce aux dons venus des greniers de Mayence, Thérèse demanda à Agnès :

– Tu n'y crois pas non plus, j'espère ?

Agnès s'arracha à sa méditation.

– Je n'ai rien écouté de ce qu'il a dit, avoua-t-elle. Mais comment peut-on seulement se laisser envoûter ainsi par des promesses ?

Thérèse n'eut pas besoin de réfléchir longtemps pour répondre :

– La plupart de ceux qui partent avec nous en Terre sainte n'étaient pas heureux avant. Ils devaient tous travailler pour des maîtres, il en était partout pareil. Qu'ont-ils à perdre ? Rien. Un peu d'espoir suffit à leur faire du bien. Mais qu'arrivera-t-il si leurs minces espoirs ne se réalisent pas ?

Agnès secoua la tête, désemparée. Elle s'estimait heureuse de n'avoir même pas le moindre espoir à perdre.

L'atmosphère de fête du jour de halte à Mayence était oubliée depuis longtemps.

L'armée des enfants avançait péniblement. Devant Worms, ils passèrent vite, plongés dans un étrange silence. La nouvelle que la peste s'était abattue sur la ville faisait marcher plus vite même les pieds meurtris. On n'entendait que rarement s'élever une maigre prière. Et si les estomacs creux avaient pu entonner un chant, celui-ci aurait été plus fort que les prières adressées à Dieu pour qu'il bénît cette armée.

« À Spire, nous serons de nouveau bien accueillis. Les émissaires ont traité avec les conseillers de la ville », avait-il été dit.

Mais même cette bonne nouvelle ne redonna guère de courage aux enfants. Dans les villages qu'ils atteignaient au cours de leur marche leur projet de libérer le Saint-Sépulcre n'était pas très bien compris. Cologne était loin. La nouvelle de la révélation de Nicolas et de son armée des enfants ne s'était pas répandue jusque chez les habitants du Haut-Rhin. On lâchait souvent les chiens sur ces enfants en haillons, qui avaient toujours faim et mendiaient ou prenaient ce qu'on ne voulait pas leur donner de plein gré. Il arrivait plus d'une fois qu'on leur jetât le mauvais sort, et plus d'un croyant se signait lorsque l'arrière-garde de l'armée n'était plus qu'un lointain nuage de poussière.

Peu à peu, Agnès avait l'impression que tous les enfants se ressemblaient : les vêtements raides de crasse, les corps maigres, les visages avec de grands yeux affamés. Et, pourtant, on n'entendait presque aucune plainte. Simplement, les prières étaient devenues plus rares, de plus en plus rares. Et l'on n'entendait plus aucun chant, sauf parfois le matin, lorsque le cortège se remettait en route. Agnès croyait entendre les pas fatigués de ces milliers d'enfants même la nuit, quand tout le monde se reposait.

Bien souvent depuis quelque temps, elle se relevait de sa couche, le soir, alors que les autres dormaient depuis longtemps. Elle voulait être seule pour descendre jusqu'au fleuve et se baigner. Elle se défendait encore contre la saleté et l'indifférence. Elle prenait soin de tenir aussi propres que possible les affaires des enfants de son groupe et leur ordonnait de bien se laver tous les matins. Thérèse en faisait autant avec ceux qui lui avaient été confiés.

Un soir, tard, en descendant au bord du fleuve, comme elle allait quitter ses vêtements, Agnès entendit un bruit. Elle s'arrêta, apeurée, et tendit l'oreille. On aurait dit un sanglot désespéré.

La jeune fille vit alors une silhouette assise sur un talus près d'un buisson. S'approchant doucement, elle reconnut, à la lueur de la lune qui sortait de derrière les nuages, Nicolas. Il ne s'était pas aperçu que quelqu'un l'observait. Lorsqu'une branche sèche craqua sous les pas d'Agnès, il se retourna, effrayé, et demanda :

– Qui va là ?

– C'est moi, Agnès.

Elle se contenta de s'asseoir à côté du jeune garçon qui s'essuyait le visage.

– Pourquoi pleures-tu ? demanda-t-elle.

Elle s'étonnait elle-même de la simplicité qu'il manifestait à son égard, lui qui était vénéré de tous comme un saint.

Nicolas se tourna vers elle.

– Tu ne vas pas le répéter ? Promets-moi de te taire.

– Ne pas répéter quoi ? Personne ne doit avoir honte de ses larmes. Je comprends bien que toi aussi, il puisse t'arriver d'être triste.

Agnès tentait de le faire parler.

– Qu'est-ce qui te rend triste, toi, Agnès ? demanda le garçon. Vous devriez tous être heureux d'aller en Terre sainte.

– Nous n'y sommes pas encore, répliqua brutalement Agnès. Elle trouvait déplaisante la façon dont Nicolas cherchait à se dérober en lui posant des questions. Sais-tu où est Jérusalem ?

Contrairement à ce qu'elle avait prévu, Nicolas répondit doucement :

– Encore très loin. Il faut que nous franchissions les Alpes, puis que nous traversions une plaine où habitent des gens qui ne nous accueilleront pas dans la paix. Et puis, il faut arriver à la mer... à Gênes.

– Et la mer se fendra-t-elle ? s'empressa de demander Agnès.

Jamais une meilleure occasion ne lui serait offerte de poser la question à Nicolas alors qu'ils étaient seuls. Mais elle n'obtint qu'une réponse vague.

– Est-ce que par hasard tu en douterais ?

La réponse était dilatoire et hautaine. Mais elle ne s'accordait pas très bien avec le personnage du jeune garçon, qui un instant auparavant encore était assis sur le talus et pleurait. C'était lui qu'elle voulait entendre et non pas celui qu'on avait hissé sur un socle et rendu aussi inaccessible qu'une statue.

– Je n'ai encore jamais vu la mer, répliqua évasivement Agnès. Pourquoi pleurais-tu tout à l'heure, Nicolas ? Qu'est-ce qui te tracasse ?

Agnès parlait maintenant comme une grande sœur qui voulait partager les soucis de son frère. Nicolas le sentit. Il plongea la tête dans ses mains qu'il avait posées sur ses genoux et dit doucement :

– Ils sont beaucoup, je n'aurais jamais imaginé qu'ils seraient si nombreux. J'ai peur à la pensée qu'ils souffrent de la faim, alors que je mange à satiété, qu'ils dorment sur la terre nue, alors que je dors sur des fourrures à l'abri d'une tente.

– Crois-tu que cela changerait quelque chose si tu allais avec eux et vivais comme nous vivons tous ? Des enfants meurent tous les jours, d'épuisement ou de maladie. Les attaques de pillards sont à l'ordre du jour, et cela réduit aussi le nombre de ceux qui te suivent. Mais que crois-tu qu'il se passerait, s'il t'arrivait quelque chose ?

Nicolas releva légèrement la tête.

– Plus personne ne poursuivrait la route vers la Terre sainte, répondit-il. Mais je ne suis plus celui qui les conduit. Les gardes du corps ne me protègent pas, ils me tiennent prisonnier. C'est la première fois que j'arrive à leur échapper.

– Est-ce la seule chose qui t'oppresse ?

– Tu n'arrêtes pas de poser des questions. (Cette fois Nicolas avait complètement relevé la tête.) Dis-moi plutôt pourquoi tu m'as suivi ?

Agnès se trouva à son tour plongée dans

l'embarras. Mais elle répondit sincèrement et raconta son histoire. Nicolas l'écouta sans l'interrompre. Puis il dit :

– Je n'ai personne au monde. Ma mère est morte depuis longtemps, je n'ai pas non plus de frères et sœurs...

Agnès ne savait que répondre. Elle demanda alors :

– Tu étais berger ? Tu aimais tes bêtes ?

Au clair de lune, la jeune fille perçut un sourire qui détendit les traits de Nicolas. Il était en cet instant d'une beauté surnaturelle.

– Je les aimais beaucoup. Je gardais des moutons. Le plus beau, c'était le printemps, quand les brebis mettaient bas. Je leur cherchais la meilleure herbe pour qu'elles soient en bonne santé.

– Je suis sûre que tu étais un très bon berger, reprit Agnès. C'est pour ça que Jésus-Christ t'a confié l'armée des enfants. Il faut aussi que tu les mènes sur une bonne terre.

Nicolas sauta sur ses pieds. On aurait dit qu'il était complètement changé, il tira Agnès vers lui.

– Tu m'as redonné force et courage, Agnès. Je mènerai mon troupeau infailliblement jusqu'au but. Et toi, tu vas venir avec moi dans ma tente. Je ne pourrai plus me passer de ton conseil...

Agnès se dégagea de l'emprise de Nicolas.

– Non, Nicolas. Je reste auprès de ceux dont la charge m'a été confiée. Mais si tu sens le courage te manquer ou si tu es triste, songe que je suis là.

Nicolas lâcha complètement son bras.

– Mais tu ne diras pas que tu m'as vu ici ? demanda-t-il d'une voix qui trahissait sa peur.

– Non, Nicolas.

Chapitre 8

La comtesse Malwina mit au monde prématurément une chétive petite fille. Son époux, Jacob, entra dans une violente colère lorsqu'il l'apprit. Il se précipita dans les appartements de Malwina qui somnolait, épuisée, sur ses oreillers et hurla :

– C'est un fils que je voulais, un beau garçon en bonne santé ! Et qu'est-ce que tu fais naître ? Une fille qui ne survivra même pas ! Ne me mets jamais cette enfant sous les yeux, dans ma fureur, je l'étranglerais.

Avant même que Malwina ait pu prononcer une seule parole, Jacob von Schönfels était ressorti. La châtelaine pleura pendant des heures. Et elle ne pleurait pas uniquement à cause de l'enfant qui ne semblait même pas avoir la force de donner le moindre signe de vie.

La nourrice, convoquée à la hâte, regarda le malheureux avorton et trancha la question :

– Impossible. Je ne donnerai pas le sein à cette enfant. Après ça, ce serait de ma faute si elle mourait, ce qui ne saurait tarder.

Les prières de Malwina, qui lui demandait au moins d'essayer, ne trouvèrent aucune audience auprès de cette femme d'expérience. Elle disparut aussi vite qu'elle avait été appelée.

Malwina se fit apporter le bébé par sa servante Berte, qu'elle renvoya aussitôt, car elle voulait rester seule avec l'enfant, qui semblait condamnée à une mort imminente. Elle n'éprouvait aucune tendresse pour cette petite créature toute fripée et toute rouge enveloppée dans des langes à côté d'elle. Une foule de souvenirs remontaient à sa mémoire ; la nostalgie de son premier mari et de son fils Bertram lui fit encore venir les larmes aux yeux.

Bertram avait été un enfant en bonne santé, débordant de joie, un enfant que son père et sa mère avaient désiré. Maintenant il lui semblait l'avoir perdu comme elle avait perdu son premier mari à qui elle vouait le plus profond amour. « Par-delà la mort..., pensa-t-elle. Je ne peux pas aimer Jacob. Et depuis qu'il a envoyé Bertram sur des terres lointaines et inconnues, je le hais. Mais comment me libérer de lui ? Je lui suis attachée par les liens sacrés du mariage. Même si je n'en ai pas librement décidé, et si cela n'a jamais été mon désir. Jacob a profité de mon impuissance, il a pris ce qui ne lui revenait pas. »

« Jamais plus il ne partagera ma couche, se jura Malwina. Et jamais plus je ne me livrerai à lui sans défense. »

Le petit être bougea à côté d'elle et tordit la bouche pour pousser un cri douloureux. Mais sa force ne suffit pas à produire autre chose d'un faible vagissement. « Elle va mourir, se dit la châtelaine. Mais je ne veux pas qu'elle quitte ce monde sans avoir été baptisée. Je dois au moins ça à ce microbe ! »

Elle rappela la servante qui attendait ses ordres devant la porte, et lui demanda d'aller chercher le père Johann pour baptiser l'enfant. Avant que la jeune fille reparte, Malwina la retint un instant.

– Que t'a dit la nourrice ? Pourquoi ne veut-elle pas accepter cette enfant ?

La servante, embarrassée, tirait sur sa jupe.

– Je ne sais pas, affirma-t-elle. Je ne le sais vraiment pas, Madame.

La peur faisait perler la sueur à son front.

– Viens ici, reprit Malwina. Je veux savoir toute la vérité. Tu n'as rien à craindre, Berte.

La servante approcha du lit de sa maîtresse, mais on voyait bien qu'elle aurait préféré s'enfuir de cette chambre.

– Ne m'aviez-vous pas dit d'aller chercher le père ? bredouilla-t-elle. Père Johann est âgé, il lui faudra du temps pour venir jusqu'ici. Alors que le père Boniface est avec le seigneur, il serait là tout de suite...

– Non ! s'exclama la châtelaine en se redressant malgré sa faiblesse. Non ! répéta-t-elle encore, d'une voix si dure que Berte recula, effarée.

– Allons, Berte, dis-moi tout ce que tu sais.

Hachant ses mots, et constamment interrompue par ses sanglots, la servante Berte rapporta que la nourrice avait reçu ordre du seigneur de ne pas accomplir son office.

– Le bébé doit disparaître parce que ce n'est pas un garçon.

– Il ne disparaîtra pas, Berte. Et tu veilleras sur cette enfant, pour qu'il ne lui arrive rien. Maintenant, va chercher le prêtre.

Mais n'en dis rien à personne. Quant au père Boniface, je ne veux pas le voir ici. Tu as compris ?

Berte s'empressa d'acquiescer. Puis elle sortit des appartements de sa maîtresse en courant. Malwina regarda l'enfant. Elle fut envahie d'une immense pitié. « J'aurais souhaité aussi que tu ne vives pas, songea-t-elle. Mais maintenant tu es là, et personne ne veut de toi. Si, enfant, je veux que tu vives. Moi, ta mère qui t'ai portée dans mon sein et qui t'ai mise au monde. Je te veux, maintenant je veux que tu vives. »

Elle découvrit son sein et le donna à l'enfant. « Elle ne va pas prendre assez de lait, pensa-t-elle, inquiète. Mais tout ce qu'elle pourra recevoir de moi, elle l'aura. C'est mon enfant, ma fille. Et avec le lait maternel, elle sucera la haine de son père. »

« Toi et moi contre Jacob von Schönfels », se jura Malwina en cet instant. Puis elle pensa : « Ma fille, je vais te faire baptiser Roswitha. »

Elle caressa doucement la tête du bébé.

– Tu vivras, Roswitha ! Tète pour prendre des forces. Nous lutterons ensemble.

Une fine bruine détrempait les vêtements des enfants. Ils avaient froid et cherchaient à se protéger sous les couvertures et les grosses toiles déchirées. L'idée de la nuit qu'il faudrait passer dehors leur faisait peur.

Jobst avait installé Ève, Marion, Bertram et Mathias sur la charrette, et ils les avait recouverts de toiles en espérant que la pluie ne traverserait pas. Il n'avait toléré aucune objection.

– Il ne faut pas que vous tombiez malades. Vous vous réchaufferez mutuellement.

Agnès refusa de monter sur la charrette, mais elle prit soin de se réserver des vêtements secs à mettre pour le soir. Thérèse aussi mit à côté des enfants tous les vêtements qu'elle pouvait quitter.

Si, après les jours de canicule du mois de juillet, la pluie leur avait semblé tout d'abord une délivrance parce qu'elle apportait un peu de fraîcheur, dès le deuxième jour de pluie, ils avaient compris que ce serait une peine supplémentaire. Dès qu'ils le pouvaient, ils montaient des tentes là où ils faisaient halte, mais la plupart des enfants n'avaient pas la place de s'y abriter au sec.

Au soir du deuxième jour, là où ils avaient posé le camp, il n'y avait pas beaucoup de bois sec pour allumer le feu et cuire la soupe.

C'était au tour de Thérèse d'aller chercher les provisions pour leur groupe. Agnès et Thérèse se relayaient, car le chemin jusqu'à la tête de l'armée, où les aides de Nicolas distribuaient le peu de nourriture qui leur avait été donnée en route, était pénible. Jobst était en train de monter des tentes. Il fallait qu'elles suffisent à protéger dix-sept enfants, afin qu'ils ne soient pas exposés pendant leur sommeil à la pluie et au vent froid.

Mais, ce soir-là, ils attendirent longtemps le retour de Thérèse. Lorsqu'elle arriva enfin, la nuit tombait déjà et le feu ne flambait presque plus. Thérèse ne rapportait rien de ce qu'il aurait fallu pour préparer la soupe. Elle se traîna épuisée jusqu'à sa couche, et s'y effondra en pleurant. Agnès vit tout de suite qu'il devait être arrivé quelque chose d'épouvantable. Les vêtements de Thérèse étaient tout maculés de terre et d'herbe, son corsage était déchiré, se cheveux pendaient en mèches mouillées, son visage, ses bras et son cou portaient les marques d'une violente lutte.

– Qu'est-ce qui t'est arrivé, Thérèse ? Dis-le.

Agnès s'assit à côté de son amie et prit sa tête entre ses bras. Thérèse n'arrivait pas à se calmer. Tout en sanglotant, elle rapporta qu'un des hommes qui distribuaient les provisions l'avait attirée à l'écart des autres et avait abusé d'elle.

– Je me suis débattue des pieds et des mains. Mais il était plus fort que moi. Je lui ai griffé le visage, arraché des cheveux...

Agnès alla chercher des vêtements secs pour Thérèse, qui ne se calmait toujours pas ; elle lava ses blessures. Puis elle mit au feu le bois sec qui restait et prépara une tisane.

– Bois, Thérèse, tu dormiras mieux. Bois cette tisane.

– Je voudrais mourir, gémissait Thérèse.

Agnès ne l'avait encore jamais vue désespérée.

– On aurait dit que le diable s'était jeté sur moi et qu'il me déchirait le corps. Le diable lui-même.

Lorsque Thérèse fut endormie, Agnès se glissa doucement hors de la tente. Les autres enfants s'étaient mis, eux aussi, à l'abri des grosses toiles et dormaient depuis longtemps. Leur estomac devait crier famine. Mais aucun ne s'était plaint.

Jobst avait posé une couverture sur ses épaules et montait la garde à côté de la charrette. Lorsque Agnès vint le trouver, il la prit contre lui, à l'abri de la couverture.

– Que s'est-il passé ? demanda-t-il d'un air sombre.

Agnès ne savait comment le lui dire. Puis elle résolut de relater les faits le plus brièvement possible. Mais elle sentait que quelque chose en elle se crispait et frémissait à ce récit. Jobst était un homme. Comprendrait-il la douleur de Thérèse parce qu'un homme lui avait fait violence ?

– Comment était-il ? demanda Jobst. Sa respiration était saccadée et la colère contenue rendait sa voix rauque.

– Je ne sais pas, dit Agnès. Mais il doit avoir le visage couvert de griffures. Thérèse s'est débattue.

Jobst hocha la tête.

– Je le reconnaîtrai. Et je te promets, Agnès, qu'il ne s'en tirera pas indemne. Je le jure, par Dieu, notre Père Tout-Puissant. À partir de demain, c'est moi qui irai chercher la nourriture. Ni Thérèse ni toi vous ne le ferez plus jamais.

Agnès tremblait de peur.

– Que vas-tu faire, Jobst ?

– Il vaut mieux que tu n'en saches rien. Et maintenant, rapproche-toi de moi, que je te réchauffe. Il ne faut pas que tu tombes malade, Agnès. Les enfants ont besoin de toi, plus que jamais maintenant. Et ils ont besoin de Thérèse, aussi.

Agnès s'apaisa peu à peu. C'était bon d'être assise à côté de Jobst et de sentir sa chaleur. Elle se dit : « Que serions-nous devenus sans lui ? Nous aurions été livrés sans défense à toutes les horreurs. Et lorsqu'il nous serait arrivé un malheur pareil, qui nous serait venu en aide ? » Elle frissonna à l'idée qu'elle eût pu être à la place de Thérèse.

Mais son cœur se serrait à la pensée de ce que Jobst allait faire. Il trouverait le coupable, c'était sûr. Et après ?

Le temps pluvieux se remit brusquement au beau. Mais seules les premières heures apportèrent un véritable soulagement. À midi le soleil brûlait comme du feu.

Nicolas se réfugia sous sa tente pour la pause de midi. Même frère Séverin, sous prétexte de prier avec Nicolas, chercha l'ombre de la tente. Par cette chaleur, il souffrait particulièrement de son embonpoint et les gardes du corps ne laissèrent plus passer personne.

– Nous devrions nous arrêter une journée, suggéra-t-il à Nicolas. Les enfants sont fatigués, ils se traînent péniblement. Et puis, il faudrait d'urgence reconstituer les réserves...

– Oui, oui ! (Dans son état, Nicolas aurait accepté n'importe quelle proposition pourvu qu'on le laissât en paix.) Dis-leur que j'en ai décidé ainsi. Pour aujourd'hui, nous n'irons pas plus loin.

Frère Séverin s'empressa de transmettre cet ordre qui entraîna un soulagement général et détentit l'atmosphère parmi les enfants. Ils étaient encore à proximité du Rhin ; les plus jeunes allèrent donc vite s'ébattre dans l'eau.

Thérèse était contente de cette pause. Elle passa la plus grande partie du temps allongée, les yeux fermés. Sur sa peau claire, les griffures semblaient de sanglantes plaies. Agnès l'avait installée à l'ombre d'un saule dont les branches retombaient très bas, de manière à ce qu'elle fût aussi à l'abri des regards curieux des plus jeunes. Lorsque Jobst la regardait, elle rougissait de honte.

Agnès s'en aperçut.

– Je sais bien que ce n'est pas toi qui l'as provoqué, dit-elle pour consoler son amie. Et jamais Jobst ne penserait une chose pareille de toi. Était-ce ce dont tu voulais parler lorsque tu m'as dit qu'il fallait se protéger du diable qui prenait des vêtements d'homme ?

Thérèse se contenta d'acquiescer faiblement d'un signe de tête.

– Jobst ne pense pas de mal de moi ?

– Non, tu peux être tranquille.

Agnès essayait d'être aussi convaincante que possible. Mais dans le fond, elle était tourmentée par le projet de vengeance de Jobst.

« Je trouverai cet homme, avait-il dit à Agnès dans sa colère, et alors je ne garantis rien de ce qui arrivera. Prends cette bourse. Je l'ai reçue de la châtelaine. C'était en cas de besoin. Je n'y ai encore pas touché. Si jamais je ne revenais pas, garde-la sur toi. »

Paralysée de peur, Agnès n'avait pu prononcer un seul mot.

Du reste, Jobst avait ajouté tout de suite :

« S'il m'advenait quelque chose, il faudrait que tu vendes la charrette avant d'arriver dans les hautes montagnes. Elle est en bon état ; les paysans t'en offriront un bon prix. Défaites-vous alors de tout le superflu et chargez le reste sur le cheval. À ce moment-là, malheureusement, il faudrait que, vous aussi, vous portiez quelque chose... »

Agnès avait pressé la main sur les lèvres de Jobst.

« Tu reviendras. Tu te souviens de ce que tu m'as promis ? Toi et moi, nous resterons ensemble. »

Jobst avait serré Agnès très fort contre lui.

« Je ferai ce qui doit être fait, avait-il répondu. Et si Dieu le veut, je reviendrai, Agnès. »

La jeune fille l'avait suivi des yeux aussi longtemps qu'elle avait pu le distinguer entre les campements des enfants. Puis elle s'était assise par terre, adossée aux rayons de la roue de charrette. Elle essayait de ne plus penser à Jobst et de se souvenir de son départ avec les enfants et le père Boniface pour rejoindre la croisade. On aurait dit qu'il y avait une éternité. « Ma mère doit se languir de Mathias et de moi, pensa-t-elle tristement. Il faut espérer au moins que le burgrave a vraiment allégé la corvée de notre père, comme père Boniface l'avait promis. Et il faut espérer aussi que les enfants qui ont fait demi-tour sont arrivés sains et saufs chez eux. » Combien d'enfants avaient-ils dû abandonner en route, alors qu'ils étaient trop faibles pour prendre le chemin du retour ! Qui leur aura creusé une tombe ? Pourquoi leurs anges gardiens n'avaient-ils pas été capables de les protéger de cette folie de libérer la Terre sainte par leur innocence ? Où étaient donc les anges quand les enfants auraient eu besoin d'eux ?

Agnès frissonna et resserra autour d'elle la toile dans laquelle elle s'enroulait pour se préserver de la fraîcheur du soir. Elle aurait voulu prier pour ces enfants et pour tous ceux qui étaient encore en route. Mais à ses prières se mêlaient plus de plaintes que de supplications. Et elle ne pouvait s'empêcher de penser à Jobst. Il commençait à faire nuit, son inquiétude ne faisait que croître. Puis elle s'endormit.

Agnès ne savait pas combien de temps s'était écoulé avant le retour de Jobst. Lorsqu'elle s'éveilla, il était à côté d'elle et tenait ses petites mains maigres entre les siennes.

– Dors encore, murmura-t-il.

Mais il mit ensuite la main sous son pourpoint et donna à Agnès une lourde bourse en cuir.

– Qu'est-ce que c'est ? demanda-t-elle.

Jobst soupira profondément avant de répondre.

– Il avait ça sur lui. Il vaut mieux que cela ressemble à un vol. Mets l'argent avec le reste, et rends-moi la bourse. Je la jetterai très loin dans le Rhin.

– Qu'as-tu fait ? Agnès avait peine à maîtriser sa voix.

– Il a été puni. Je devais ça à Thérèse.

Agnès fit tomber les pièces sur sa jupe et réunit le tout dans la bourse de la châtelaine. Ses mains tremblaient lorsqu'elle rendit la bourse vide à Jobst.

– Jobst, tu t'es chargé d'un lourd péché. Mais si j'étais un homme, j'aurais agi comme toi.

Jobst lui caressa doucement la tête.

– Va dormir, Agnès. Il faut que je reste seul, pour régler ça avec moi-même. Je ne l'ai pas fait d'un cœur léger. Mais il le fallait.

Peu après, Agnès se coucha à côté de Thérèse. Celle-ci avait un sommeil agité. Agnès se dit : « Il ne faut jamais qu'elle apprenne ce que Jobst a fait pour elle. »

Frère Séverin avait amené Hickler sous la tente.

– Jure ton innocence à Nicolas !

Hickler se défendit activement.

– Je n'ai rien à voir avec ça. Par Dieu, je n'ai pas tué Farold. Nous nous sommes disputés, c'est vrai. Mais jamais je n'aurais levé la main sur lui !

Ce qu'il n'avouait pas, c'était la méfiance qu'il éprouvait à l'égard de Farold, depuis qu'à Mayence celui-ci avait traité seul avec Pontian, l'homme pour qui ils travaillaient. Il avait bien vu que Farold portait sur lui une lourde bourse d'argent. Et ils s'étaient querellés parce qu'il l'avait accusé en face d'avoir détourné sa part. Mais Farold avait tout nié ; c'est ainsi qu'il en était venu à proférer des menaces, que manifestement d'autres avaient entendues. Mais comment aurait-il pu avouer, lui, Hickler, les motifs de la querelle ?

Nicolas était le dernier à devoir être informé du sort que l'on réservait aux enfants dès l'instant où ils seraient arrivés à Gênes. D'un autre côté, Hickler ne pouvait que se féliciter de se trouver ainsi débarrassé de Farold. Il n'aurait plus besoin de partager avec lui la récompense.

Nicolas ne savait comment se comporter à l'égard de Hickler. Farold lui avait annoncé à Mayence qu'on ne ferait pas passer toute l'armée des enfants par le même chemin pour franchir les Alpes. Il avait ressenti cette disposition comme une atteinte portée à son rôle de guide. N'était-ce pas à lui, Nicolas, de décider entièrement du sort de cette armée ? C'était ce qu'on lui avait toujours dit. Certes, des décisions importantes avaient déjà été prises par d'autres en son nom. Mais il régentait tout ce qui touchait à sa mission sacrée. Et l'unité de l'armée des enfants en faisait partie. En revanche, il abandonnait volontiers à d'autres la fastidieuse organisation du quotidien, préférant se retrancher derrière la prière.

Maintenant, il n'avait plus à se faire de souci pour la division de son armée. Farold ne lui échaufferait plus les oreilles. Cela lui convenait parfaitement. Il conduirait les enfants tous ensemble jusqu'à la mer de l'autre côté des Alpes, puis jusqu'à Jérusalem.

Nicolas avait besoin de penser aux lourdes tâches qui l'attendaient encore. Hickler le gênait. Il essaya donc de s'en débarrasser au plus vite.

– Nous saurons bien qui a lâchement assassiné Farold. Dieu aura pitié de son âme. Il est mort pour la cause sainte et sacrée et entrera sans péché au paradis, alors que son meurtrier ira en enfer.

Hickler frissonna à cette idée et s'estima heureux en l'occurrence de n'être pas celui qui avait tué Farold. Personne ne pourrait soutenir une accusation contre lui, il avait passé toute la soirée avec les autres. Ils étaient nombreux à pouvoir en témoigner.

Frère Séverin le regarda sortir de la tente de Nicolas. Il avait bien remarqué que Nicolas ne mettait pas beaucoup de zèle à l'interroger et se perdait en formules générales. Maintenant, agenouillé par terre, le jeune garçon priait. Séverin ne pouvait donc pas l'importuner par des questions plus incisives.

C'était au contraire l'occasion de se concentrer sur une réflexion qu'il n'avait pas eu le temps de mener à son terme. Comme Nicolas, il joignit les mains et pencha la tête en avant. Il s'épargna de s'agenouiller sur le sol dur. Depuis quelque temps, Nicolas lui paraissait changé. Il était devenu orgueilleux, et lui refusait même à lui, son maître et confesseur, l'aveu de ses pensées et de ses sentiments. Cela était-il lié aux observations qu'il avait faites lui-même, Séverin ? Des bruits couraient de toutes parts : on racontait que si Nicolas échouait et que les eaux de la mer ne se fendaient pas, des bateaux avaient été préparés pour convoyer plus loin les enfants. En Terre sainte ? À cette question, plus d'un des accompagnateurs prenait un air concupiscent. Même frère Séverin nourrissait quelque soupçon. Il ne croyait plus à la vocation du jeune pâtre. Trop souvent il l'avait vu se démentir, pleurer de désespoir pour succomber immédiatement après à une sorte de mégalomanie. Nicolas n'était que le moyen pour parvenir au but, le moteur pour faire avancer l'armée des enfants. Et pour ça, son aura était encore suffisante. Il réussissait à ranimer sans cesse la sainte ferveur de ces cœurs d'enfants. Et frère Séverin avait parfois l'impression que, dans ces moments-là, Nicolas croyait à ses propres paroles.

« Que va-t-il advenir ? se demanda frère Séverin. Ils m'ont envoyé faire ce rude voyage en croyant que tout se passerait pour le mieux. Pas un de ces hauts prélats de Cologne n'a manifesté le moindre soupçon, et personne ne m'a indiqué les règles à observer en cours de route, si tout se déroulait autrement que prévu. Ils m'ont fait partir, pour ne pas endosser eux-mêmes cette responsabilité, se dit-il. Et ils me demanderont des comptes, si tout va de travers. Mais alors comment prouver que tout cela n'était que mensonge et escroquerie ? »

« Je vais filer, conclut frère Séverin en abandonnant son attitude de prière. Mais il faut que je prépare ça bien, car même père Boniface me demandera si j'ai conservé sous ma garde son protégé, le sieur Bertram. (Mais là aussi, il lui vint brusquement un doute.) Était-ce vraiment ce que je devais faire ? Ai-je bien compris ses allusions ? Mon Dieu, assiste-moi ! Frère Séverin lança une prière vers le ciel. Pourquoi m'avoir exposé à cette tentation à laquelle je ne puis résister ? »

Chapitre 9

Ils marchaient depuis des jours et des jours sans avoir la moindre idée du nombre de kilomètres qu'ils avaient pu parcourir. Ils devaient constamment abandonner en route des malades ou des morts. Agnès et Thérèse se trouvaient avec ceux de leurs groupes dans le dernier tiers de l'armée. On voyait plus clairement qu'à la tête des troupes le nombre d'enfants qui n'avaient plus la force de continuer.

Agnès avait renoncé à se pencher vers ceux qui restaient couchés au bord du chemin. Au début, elle leur donnait parfois un morceau de pain ou une gorgée d'eau. Mais Thérèse avait dit :

– Tu ne peux pas savoir s'ils n'ont pas une

maladie contagieuse qu'ils risquent de te passer. Peut-être qu'ils sont quand même entrés à Worms et qu'ils vont mourir de la peste.

Agnès, horrifiée, jeta le gobelet dont elle s'était servi pour donner à boire aux enfants. Et, dès lors, elle guetta avec méfiance les moindres signes de maladie chez ceux de son groupe. Elle réclama plus énergiquement que jamais une propreté absolue, même si les garçons surtout n'en tenaient pas compte très sérieusement.

Elle se tourmentait aussi pour Thérèse. Deux jours après le terrible choc qu'elle avait subi, elle marchait de nouveau à côté d'Agnès. On voyait les traces de griffures à son cou et sur ses bras. Agnès redoutait que l'on pût mettre la chose en relation avec la mort de Farold. La nouvelle s'en était vite répandue, elle était même parvenue jusqu'à eux. Thérèse avait entendu elle aussi ce qui était arrivé, mais elle n'avait fait aucun commentaire.

– Thérèse, demanda Agnès, cache tes griffures. On pourrait faire le lien avec le crime.

Thérèse rejeta la tête en arrière d'un air de défi.

– J'aurais aimé en être l'auteur.

Agnès fut prise de fureur. Elle glissa un foulard autour du cou de Thérèse et le noua en soufflant :

– Ne mets pas les autres en péril !

Thérèse demeura comme enracinée sur place.

– Qui veux-tu dire ? Qui l'a fait pour moi ?

Agnès prit peur. Elle aurait voulu se taire. Thérèse penserait sans doute d'elle-même qu'il n'y avait qu'une seule personne qui pût entrer en ligne de compte. Le regard de Thérèse se posa sur Jobst qui marchait avec Bertram et Mathias à côté de la charrette. Elle ne posa plus aucune question. Mais dans ses yeux brilla l'attachement à ce garçon qui était devenu le soutien de tous.

Agnès l'observa avec des sentiments mitigés. Une fois de plus elle fit la comparaison entre son propre corps et celui de Thérèse déjà presque épanoui. Cette comparaison se soldait à son désavantage. Elle avait encore maigri. Si ce n'avait été les vêtements, on l'aurait prise pour un garçon. Parfois, elle regardait son visage dans l'eau. Elle avait de grands yeux et le nez droit. Sa bouche lui paraissait un peu trop mince, et son visage dans l'ensemble bien trop enfantin. À côté de Jobst, elle lui arrivait à peine aux épaules. Thérèse, au contraire, était grande, et la pauvreté de leur nourriture ne semblait pas avoir d'effet sur elle. Qu'arriverait-il si Thérèse donnait à entendre à Jobst combien elle l'aimait pour ce qu'il avait fait ?

« Elle ne peut que le supputer, pensa Agnès. Et jamais elle n'aura véritablement le droit de le savoir. » Il avait fait pour elle quelque chose qui pesait plus que tout.

Assez troublée à l'idée de risquer de perdre Jobst, Agnès ne prêtait plus attention au chemin. Elle ne revint à la réalité que lorsque Bertram la tira par le bras. Il lui montrait un lièvre qu'il avait tué avec une fronde. Il était très fier de sa prise.

– Jobst m'apprend tout ce que je dois savoir.

Avant qu'ils atteignent les Alpes, une nouvelle terreur se répandit dans l'armée des enfants. La faim et les épreuves du voyage avaient manifestement troublé quelques esprits. Les morts et les malades qu'on avait dû abandonner en chemin avaient aussi laissé des traces. Tout le monde n'était pas persuadé que les malheureux iraient directement au ciel dès lors qu'ils auraient rendu l'âme. Si le sentiment dominant avait été jusqu'alors l'indifférence, et parfois aussi l'envie à l'égard de ceux qui restaient en groupes constitués et en tiraient un plus grand profit que les individus isolés, on perçut désormais aussi la haine et la violence.

Les enfants regroupés autour de Thérèse et d'Agnès avaient des tâches bien définies. Ils se remplaçaient pour aller chercher du bois pour le feu, ramasser des herbes et chasser. Souvent, ils rapportaient aussi quelques légumes pour rendre la soupe un peu plus nourrissante. Jobst allait quérir leur part de provisions auprès de ceux qui répartissaient au nom de Nicolas les dons reçus des paysans ou des citadins, et il rapportait toujours en même temps les dernières nouvelles. Rupert et Mathias s'occupaient du cheval et de la voiture. Ils chargeaient et déchargeaient les bagages, veillaient à ce que chacun des petits s'assît à son tour sur la charrette pour économiser ses forces. Bertram, lui, pêchait et chassait, et il était très malheureux les jours où il n'avait pas grand-chose à poser à côté du chaudron que Thérèse et Agnès surveillaient tour à tour.

Rares étaient les enfants qui avaient des chaussures et des vêtements chauds. Jobst avait appris de ceux qui constituaient l'avant-garde de l'armée qu'il pouvait faire très froid au passage des cols des Alpes et que les chemins étaient très rocailleux. Par précaution, Agnès et Thérèse confectionnèrent avec les peaux des animaux tués à la chasse des sortes de chaussons. Elles ravaudèrent les vêtements qu'elles avaient, qui toutefois n'offriraient pas des garanties suffisantes contre le froid.

– Les chemins des cols sont étroits, observa Jobst. Il faut renoncer à la charrette. Nous pourrions peut-être l'échanger contre un mulet qui porterait au moins quelques-unes des couvertures et des bâches.

Agnès regarda les chaussures de Bertram, trouées et en lambeaux. Ses vêtements aussi laissaient à désirer. Mais, pour lui, il y avait d'autres chaussures et des vêtements de rechange que sa mère avait précautionneusement mis dans ses bagages. Le jeune garçon se refusa toutefois à les mettre déjà.

– Je ne veux pas arriver en haillons à Jérusalem.

Agnès soupçonna que ce n'était qu'un prétexte. Bertram avait développé un sixième sens pour ne pas se faire remarquer auprès des autres. Elle savait qu'il s'était souvent fait battre au début, lorsqu'il avait voulu jouer les fils de seigneur. Si cette éducation drastique avait été efficace, ce ne pourrait être que profitable à Bertram dans la suite de sa vie.

Le soir, Agnès se rendait le plus souvent au bord d'un ruisseau pour laver les vêtements trempés de sueur et salis. Marion l'aidait généralement. Elle avait appris aussi à manier l'aiguille et le fil pour repriser ou ravauder les habits.

Grâce aux soins d'Agnès et de Thérèse, les enfants de leurs groupes se distinguaient, ne serait-ce que par la propreté, des nombreux autres qui suivaient l'armée isolément et chapardaient ce qu'il leur fallait pour survivre. Afin de réduire au minimum les pertes que leur causaient ces vols, les garçons montaient la garde à tour de rôle. Parfois, les paroles suffisaient à mettre les voleurs en fuite mais quelquefois cela tournait aussi en véritables bagarres. Jobst se contentait d'en rire. Il avait appris quelques ruses aux garçons pour qu'ils sachent mieux se défendre.

Il y avait, en revanche, une chose dont ils ne pouvaient se défendre : la calomnie. Ils avaient la réputation de s'assurer quelques avantages. Thérèse surtout faisait l'objet de ces soupçons. Elle en souffrait beaucoup. Depuis sa terrible aventure avec Farold, elle restait constamment auprès des autres, et apportait vite de l'aide à tous ceux qui en avaient besoin. Elle ramassait en chemin des herbes médicinales, pour soigner les plaies aux pieds, les maux d'estomac, la fièvre et la dysenterie ; elle connaissait des remèdes pour tout. Thérèse secourait aussi les enfants d'autres groupes, et ceux qui étaient seuls. On vint même la chercher un jour pour Nicolas qu'on transportait toujours, amaigri et sans force, sur sa litière. Deux jours plus tard, il allait mieux.

– Que lui as-tu donné ? demanda Agnès.

Thérèse éclata d'un rire moqueur.

– Aucun remède ne pourrait le guérir. Nicolas est rongé par sa peur. Je lui ai redonné un peu de courage, bien que ne croyant pas moi-même à ce que je lui ai dit. Il a toujours besoin de quelqu'un pour lui affirmer qu'il est le plus grand. Nicolas n'est pas différent de tous ceux qui acquièrent par hasard un immense pouvoir.

– Tu n'es pas restée longtemps auprès de lui, constata Agnès.

– Jobst m'attendait. Il fallait que je me presse. Il ne m'aurait jamais laissée y aller seule.

Agnès sentit son cœur battre plus fort. Chaque fois que Thérèse parlait de Jobst, ses yeux devenaient tout brillants. Agnès avait envie alors de s'enfuir à toute allure.

« J'ai tort de prendre ça mal, se reprochait-elle ensuite. Je les aime tous les deux. Je ne pourrais plus imaginer ma vie sans Thérèse et sans Jobst. » Et elle mesura tout ce qui avait changé dans son existence depuis qu'elle était partie.

Chapitre 10

Lorsque les premiers enfants qui avaient suivi le père Boniface revinrent chez eux, ils racontèrent les choses épouvantables qu'ils avaient vécues en route.

La mère d'Agnès se fit de terribles reproches.

– Je n'aurais jamais dû permettre que mes enfants suivent la croisade. Agnès nous aidait déjà beaucoup, et Mathias aurait pu devenir berger.

Mais son mari, Johann, ne voulait pas entendre ces plaintes, il poursuivait une tout autre idée.

– Cesse de te lamenter, Sine, dit-il, l'air absent. Demande-toi plutôt la façon d'obtenir du burgrave qu'il tienne ses promesses ! Réduction de la corvée ! Jusqu'à ce jour, il m'a éreinté tout autant que par le passé.

Sine savait que son mari accumulait intérieurement la colère. Envoyant deux de ses enfants à la croisade avec le jeune seigneur Bertram, il avait espéré en tirer on ne savait quels avantages. Mais depuis, chaque fois qu'il avait demandé audience au burgrave à ce propos, ce dernier l'avait chassé comme de la vermine.

– Tu ne peux rien contre la volonté du burgrave, Johann, dit-elle. Du reste, il n'y a pas très longtemps que les enfants sont partis. Et peut-être qu'ils vont revenir...

Johann frappa du poing sur la table, si fort qu'elle en trembla.

– Qu'ils osent seulement ! Je les rouerai de coups jusqu'à ce qu'ils repartent d'eux-mêmes rejoindre les croisés !

Alors Sine ne dit plus un mot. Elle ne comprenait pas cet homme pour qui ses enfants valaient moins que le peu d'avantages qu'il pouvait obtenir par leur intermédiaire.

Mais Johann, serf du burgrave, ne songeait à rien d'autre qu'à réclamer ses droits. Il guettait partout son seigneur. Il sut bientôt où le rencontrer seul à seul et, cette fois, Jacob ne pourrait pas le renvoyer. Il se posterait sur le chemin du burgrave, lorsque celui-ci partirait à la chasse aux aguets, au point du jour. Jamais, aucune des fois où Johann l'avait observé, il n'avait été accompagné à cette heure. Il partait seul avec ses deux chiens de chasse.

Johann essaya encore une fois d'obtenir satisfaction par l'humble prière, en dépeignant au burgrave les périls décrits par les enfants qui avaient fait demi-tour.

– Qui sait si Agnès et Mathias survivront...

Le burgrave considérait d'un air moqueur l'homme qui se trouvait devant lui.

– S'ils n'arrivent pas à Jérusalem, je ne peux t'accorder aucune faveur, compris ? Tes enfants entreront au royaume des cieux et seront sanctifiés. Qu'est-ce que tu veux de plus ? Tu devrais m'être reconnaissant de les avoir autorisés à partir. Fais-toi donc d'autres enfants, tu y trouveras un petit plaisir supplémentaire !

Ces paroles impies grossirent démesurément la colère de Johann.

– Tu ne te débarrasseras pas de moi comme ça, burgrave, s'exclama-t-il. Tu t'es installé toi-même dans la couche d'un autre et tu nous fermes la bouche lorsque nous réclamons ce qui nous est dû.

Les veines du burgrave se gonflèrent sur

son front. Jamais personne encore n'avait osé lui parler sur ce ton, et surtout personne de cette racaille qui travaillait pour lui. Il dégaina son couteau de chasse et se jeta sur Johann pour lui trancher la gorge.

Les chiens se précipitèrent sur le paysan et déchirèrent sa blouse. Ils lui plantèrent les crocs dans les jambes et dans les épaules. Le poids du burgrave qui s'était jeté sur lui étouffait Johann. Il se débattit pour se sauver.

Comment cela avait pu arriver, le serf aurait été incapable de le dire. Le couteau de chasse était planté en plein dans la poitrine du burgrave. Mais Johann n'eut pas le temps d'y penser. Il fallait qu'il se défendît contre les chiens qui se jetaient sur lui comme des bêtes féroces. Il donna un coup de poing à l'un et tua l'autre avec le couteau qu'il venait de retirer de la poitrine de Jacob. Il se releva, haletant. Puis il tua le deuxième chien, qui était revenu à la charge et lui mordait la jambe.

Johann resta ahuri devant le corps de son seigneur et les cadavres des deux chiens.

– Mon Dieu, je ne l'ai pas voulu, répétait-il sans cesse d'une voix sourde. Non, je n'ai pas voulu faire ça, tu en es témoin, mon Dieu.

Lorsqu'il se regarda, il fut saisi d'horreur. Il était couvert de profondes blessures qui saignaient, et il n'avait pratiquement plus rien sur lui pour cacher sa nudité. Dans sa panique, il lança le couteau au loin, et s'enfonça dans la forêt. Là, il se jeta sur le sol, plongeant les doigts dans la terre. « Non, je ne l'ai pas voulu ! »

Il mit longtemps à retrouver son calme. Enfin, il revint sur les lieux où il avait poignardé le burgrave. « Toi ou moi, pensa-t-il. Je n'avais pas de couteau, c'est toi qui l'as d'abord dirigé contre moi. »

Il traîna la dépouille dans un sous-bois épais, revint chercher les cadavres des chiens et recouvrit le tout de branchages. Il dut chercher longuement le couteau, puis alla l'enterrer à un autre endroit. Enfin, il effaça tant bien que mal les traces de la bagarre. « Que faire maintenant ? se demanda-t-il, désespéré. Ils vont se mettre à la recherche du meurtrier. Mais je n'ai pas voulu ça. Je ne réclamais que mon bon droit. »

Même à Bâle, Nicolas ne se laissa pas persuader par les plus hauts représentants de l'Église de choisir un autre chemin, un peu plus long, mais plus sûr, pour franchir les Alpes. Il opta pour le col du Saint-Gothard, alors qu'on lui conseillait celui du

Mont-Cenis. Il se refusa avec la même obstination à passer par le col du Brenner. Il se retranchait derrière les apparitions qu'il avait eues.

– Elles m'ont clairement indiqué le chemin du Saint-Gothard. De là, nous atteindrons à coup sûr la plaine de Lombardie et en quelques jours de marche, nous serons à Gênes. Dieu est avec nous. Mais j'autorise ceux qui redoutent ce col à choisir leur propre itinéraire.

Agnès et ceux de son groupe n'eurent toutefois pas le choix. Frère Séverin donna clairement à entendre à Agnès qu'ils devaient emprunter le chemin du Saint-Gothard puisque lui-même restait avec le gros de la troupe de Nicolas. Jobst maugréa.

– Les autres cols des Alpes sont moins dangereux. Qu'importe que nous arrivions à Gênes un ou deux jours plus tôt ou plus tard.

– Tu n'es pas forcé de nous suivre, répondit le moine sans ambages. Je suis responsable de Bertram et de personne d'autre. Tu peux très bien nous quitter et rejoindre les indécis qui ont fui l'armée.

Et le moine partit sans attendre de réponse.

Il était vrai que le nombre des enfants décidés à suivre avec Nicolas l'itinéraire du sud se réduisait tous les matins. Le soir, certains se couchaient avec les autres, mais le lendemain matin, ils avaient disparu. Et même parmi ceux qui avaient suivi la croisade pour s'enrichir du peu que possédaient les enfants, beaucoup abandonnaient. Cela ne valait plus la peine. Mis à part les haillons qu'ils portaient sur leur corps, les enfants n'avaient absolument plus rien.

À Bâle, un moine avait essayé de les compter. Cela avait été une entreprise difficile. Et il n'aurait pas su dire exactement en définitive s'ils n'étaient plus que dix mille ou douze mille en route pour la Terre sainte.

Au pied des Alpes, qui se dressèrent devant eux au terme de tous ces jours de marche épuisants, un certain nombre encore perdirent courage. La proximité du fleuve, qui les avait fidèlement accompagnés depuis Cologne, manquait aux enfants. Les forêts obscures et les rocs crevassés semblaient des obstacles insurmontables. Trop souvent, ils durent traverser des ruisseaux glacés. La nuit, ils se serraient les uns contre les autres, plus étroitement que jamais depuis le début de leur marche.

Jobst avait effectivement réussi à échanger la charrette contre un mulet, en payant un supplément. Avec le cheval, cela faisait donc deux bêtes capables de porter les plus lourds fardeaux. Jobst avait donné le mulet à conduire à Bertram. Lui-même tenait le cheval par la bride. Agnès donnait la main à Ève. Thérèse fermait la marche.

Ils éprouvaient tous une certaine angoisse. Agnès était soulagée à l'idée que l'armée s'était divisée. Différents groupes d'importance variable avaient voulu franchir les Alpes par d'autres cols, moins difficiles. Elle soupira en se disant qu'elle aurait préféré, elle aussi, partir avec les autres. Mais il fallait qu'elle restât auprès de Bertram. Avant d'attaquer véritablement la montée, ils s'arrêtèrent encore une fois pour la nuit. Marion vint se blottir contre Agnès, ce qui n'était pas dans ses habitudes. Elle tremblait.

– Tu as froid, Marion ? demanda Agnès à l'enfant en l'enveloppant plus étroitement dans sa couverture. Respire profondément, tu auras plus chaud.

Marion inspira profondément, mais Agnès sentit brusquement qu'elle sanglotait.

– J'ai peur de ces hautes montagnes. Combien de temps nous faudra-t-il pour passer de l'autre côté ?

Agnès était désemparée. Il lui revint à l'esprit que, dans les premiers jours et les premières semaines de sa longue marche, elle s'était demandé souvent combien de temps ils mettraient pour arriver à Jérusalem. Et maintenant, elle n'était même pas capable de répondre à la question de la petite fille qui lui demandait combien de temps il faudrait pour franchir les Alpes.

– Je ne sais pas, Marion. Peut-être pas très longtemps. Il paraît que des moines habitent au sommet du col, frère Séverin l'a dit. Et à partir de là, on redescend.

– Jusqu'à la mer ? Ce sera comment quand Nicolas fera se fendre les eaux de la mer ?

À cette question non plus, Agnès n'était pas en mesure de répondre. Elle ne croyait pas qu'une chose pareille pût arriver. Elle se contenta de dire évasivement :

– Quand nous apercevrons les murailles et les portes dorées de Jérusalem, ce sera magnifique. Le soleil s'y reflétera et peut-être que le bon Dieu enverra ses anges pour nous saluer. Ils nous offriront des fleurs et des fruits délicieux. Personne ne devra plus souffrir de la faim ni du froid. Ils auront préparé pour nous des milliers de costumes merveilleux. Et nous irons au Saint-Sépulcre, des fleurs à la main...

« Pourquoi est-ce que je raconte ça à cette enfant ? se demanda Agnès. Il faudrait que j'avoue à Marion que ce ne sont là que des rêves, des désirs qui peut-être ne se réaliseront jamais. »

Mais lorsqu'elle comprit la joie qu'avait faite à cette enfant le tableau qu'elle venait de lui dépeindre, Agnès n'eut pas le cœur de tout détruire à nouveau.

Marion posa la question qui la tourmentait le plus :

– À quoi reconnaît-on les anges ?

Agnès réfléchit.

– Il faut les regarder dans les yeux, alors tu le sais tout de suite.

Marion s'endormit satisfaite. Sa peur, au moins, s'était envolée. Pour l'instant !

Le sentier était par endroits si étroit qu'ils devaient marcher les uns derrière les autres. Une file interminable d'enfants gravissait la montagne. De temps en temps, un cheval ou un mulet s'intercalait entre les enfants qui montaient vers le col du Saint-Gothard. Lorsque la brume se levait, d'horribles précipices se dévoilaient à leurs yeux. Un instant d'inattention pouvait coûter la vie. Des éboulis ou des torrents d'eau des glaciers venaient constamment obstruer leur chemin. Les enfants sentaient dans leurs oreilles la pression de l'altitude au fur et à mesure qu'ils s'élevaient. Brusquement, ils eurent une vue magnifique sur les sommets enneigés se détachant sur un ciel bleu étincelant.

Agnès resta un instant le souffle coupé. Elle montrait les chaînes de montagnes en mettant la main devant ses yeux pour se protéger de l'éclat de ce blanc éblouissant.

– Comme c'est beau, murmura-t-elle, c'est incroyablement beau.

Les enfants qui marchaient derrière elle se pressaient pour avancer. Agnès avait profité de ce bref arrêt pour jeter un coup d'œil en arrière sur les autres enfants de son groupe. Elle avait croisé le regard apeuré de Marion. Elle savait que l'enfant redoutait la haute montagne et les précipices. Elle aurait aimé pouvoir s'arrêter et attendre Marion pour lui redonner courage. Mais ce n'était pas possible. Elle ne pouvait même plus donner la main à la petite Ève. Pour plus de sécurité, elle avait noué autour du corps de l'enfant une corde dont elle tenait fermement l'extrémité.

Ils s'élevaient toujours, comme si cette montée devait être sans fin. Parfois, lorsque le sentier tournait, Agnès voyait les autres marcher au-dessus d'elle. Quelque part, en tête, il y avait aussi Nicolas. Agnès se dit que là personne ne pourrait le porter. Il allait devoir grimper seul, comme les autres. Et, d'une certaine manière, elle en éprouva une satisfaction.

Il faisait un froid glacial malgré le soleil brillant. « Heureusement que les enfants ont leurs chaussures de fourrure », pensa Agnès. L'air que l'on expirait formait devant la bouche une buée blanche qui se givrait sur les vêtements et sur les cheveux. L'étroit sentier était rocailleux, de petits éboulis de pierre dégringolaient constamment. Il fallait alors que les enfants se collent à la paroi rocheuse pour ne pas être touchés par les pierres qui dégringolaient. Au loin derrière, dans cette longue file qui gravissait péniblement la pente, on entendait de temps en temps un cri. Agnès refoulait la pensée que cela eût pu être le cri d'un enfant précipité dans la mort.

« Nous aurons bientôt passé les Alpes, se dit-elle pour se consoler. Alors nous redescendrons sur l'Italie, vers la mer. Il paraît qu'il y fait chaud, merveilleusement chaud. Et, au bord de la mer, on dit qu'il y a du sable, du sable blanc, fin. » Elle essaya de se représenter la mer qu'elle n'avait encore jamais vue. De l'eau à perte de vue, rien que de l'eau. Et, au-dessus, le ciel, aussi bleu que ce ciel de montagne...

Un bruit de chute et un cri arrachèrent Agnès à son rêve éveillé. Immédiatement, elle se plaqua avec la petite Ève contre le rocher. Agnès n'avait pas besoin de regarder pour savoir que c'était Marion qui avait poussé ce cri. Une avalanche de pierres s'était déclenchée au-dessus des enfants, et elle déboulait la pente dans un bruit de tonnerre. Agnès eut l'impression que cette chute de pierres durait une éternité.

– Avance, Ève ! dit-elle en poussant l'enfant devant elle.

C'est alors que Thérèse cria derrière elles :

– Marion ! Elle a été emportée au fond du précipice.

Agnès resta comme clouée sur place. Jobst, qui marchait derrière elle et derrière Ève, eut juste le temps de la retenir, sinon elle aurait glissé et serait tombée à son tour. Les enfants d'autres groupes qui venaient derrière eux s'arrêtèrent aussi. Qu'était-il arrivé ? Encore un enfant qui était tombé ? Mais qu'était-ce donc que la vie d'un autre, quand soi-même on sauvait sa peau ? Ils poursuivirent l'ascension, quelques-uns osèrent jeter un coup d'œil au fond de l'abîme effroyable.

Agnès restait comme pétrifiée.

– Continue, lui dit Thérèse. Nous ne pouvons plus rien faire pour elle.

– Elle vit peut-être encore et a besoin de secours, bredouilla Agnès. Je veux essayer d'aller...

– Tu vas continuer, comme les autres !

Jobst la saisit rudement par les épaules et la poussa en avant sur l'étroit sentier. Agnès tenta désespérément de se défendre. Mais Jobst ne lâchait pas prise.

– Quand on tombe là, on n'arrive pas vivant en bas, Agnès. Personne ne peut venir en aide à Marion. Tu ne peux que prier pour elle.

– Prier ? Agnès hurla ce mot si fort que les rochers en renvoyèrent l'écho. Qu'est-ce que c'est que ce Dieu qui fait mourir des enfants ? Et des enfants partis en croisade pour lui !

Jobst lui posa la main sur la bouche.

– Tais-toi maintenant Agnès. Crier et tempêter ne change rien. Il faut que tu penses aux autres qui sont encore en route.

Agnès poursuivit sa marche comme une somnambule. Il lui semblait étouffer. « Comment consolerai-je la petite Ève ? Elle ne comprendra jamais que sa sœur n'ait pas même une tombe, qu'elle ait été emportée avec les pierres dans l'abîme qui l'a engloutie. » Et de nouveau la jeune fille se révoltait contre Dieu : « Pourquoi as-tu permis la folie de cette croisade ? Comment des enfants pourraient-ils libérer le Saint-Sépulcre alors que leurs prières ne suffisent même pas à les protéger eux-mêmes ? »

Ce soir-là, les enfants ne trouvèrent même pas d'endroit où établir un camp. Serrés les uns contre les autres, ils se couchèrent tout simplement sur le chemin de pierre, à l'endroit où ils se trouvaient. Ils utilisaient tout ce qu'ils avaient pour se protéger contre le froid et contre le vent qui leur envoyait au visage une pluie glaciale, fine comme des aiguilles. Ils mangèrent vite le peu qui restait encore dans leurs sacs. Puis ils essayèrent de s'endormir. Demain, demain, ils atteindraient le col. Ensuite, ce serait la descente sur Gênes.

Agnès enveloppa Ève dans un châle et la prit avec elle sous sa couverture. Il lui semblait que les larmes se gelaient sur ses joues. Sans bruit, elle adressait au ciel ses prières. « Pardonne-moi, mon Dieu. Je ne peux pas faire autrement. Peut-être trouves-tu un sens à la mort de Marion. Et à celle de tant d'autres enfants. Combien sont morts en route ? Combien ont désespéré ou sont tombés malades ? Cela doit faire plus d'un millier. Pardonne-moi, mon Dieu. Et protège ceux qui m'ont été confiés. » Ève se serra encore plus fort contre Agnès. Le vent qui hurlait et le froid glacial l'épouvantaient.

– Est-ce que Marion est au ciel, maintenant ? demanda-t-elle doucement. Est-ce qu'elle nous voit ?

– Marion est sûrement au ciel, répondit Agnès pour apaiser l'enfant. Et elle te regarde.

– Et est-ce qu'elle me verra aussi quand je serai à Jérusalem ?

– Bien sûr, Ève. Tu sentiras qu'elle est auprès de toi.

– Oui, je sens que Marion est là quand je pense à elle, reprit l'enfant. Et alors, je ne suis plus triste.

Agnès sentit s'alléger un peu le poids qui pesait sur sa poitrine. Elle aurait voulu avoir une foi aussi forte que celle de la petite Ève. Mais le pouvait-elle encore, après tout ce qu'elle avait vécu ?

« Il faut que je les protège, se dit Agnès. Ève et Bertram, Mathias, Gallus et tous les autres. Mon Dieu, fais que j'en aie la force. »

Ils atteignirent enfin le monastère du Saint-Gothard. Les enfants, à bout de forces, s'y abattirent comme une nuée de sauterelles. Les moines y avaient certes été préparés par les émissaires, mais ils n'avaient jamais imaginé ce que ce pouvait être que de fournir à un aussi grand nombre d'enfants ne serait-ce que quelque chose à manger et qu'un emplacement pour passer la nuit. Ils comprirent aussi que beaucoup ne pourraient pas se relever le lendemain matin. Et la suite des événements leur donna raison. Lorsque l'armée se remit en mouvement, il resta des malades, et même des morts qu'il fallait enterrer.

Ils donnèrent un conseil à Nicolas et à ses hommes de confiance les plus proches :

– Contournez Milan ! Même si c'est le chemin le plus court, ce n'est pas le plus sûr. À partir d'ici, votre marche ne sera plus aussi difficile, ça descend tout le temps. Vous arriverez aussi bien dans la plaine lombarde en passant par Lugano et par Côme.

– Pourquoi ce détour ? demanda Nicolas, mécontent. Dieu est avec nous et nous protégera.

Les moines échangèrent des regards entendus, puis le plus vieux d'entre eux dit :

– Milan appartient à la ligue des villes lombardes, comme Pavie et Alexandrie. Elles sont hostiles au Saint Empire romain. Passez par Piacenza, cela ne fait qu'un détour de deux à trois jours.

Nicolas fronça les sourcils et donna ordre de se rendre à Gênes par cet itinéraire. Il voyait cette fois à quel point son armée s'était réduite. Frère Séverin parlait de huit mille enfants arrivés en haut du Saint-Gothard. Tous les autres lui avaient-ils été infidèles ? Troublé, il demanda à frère Séverin où étaient passés les milliers d'enfants avec lesquels il était parti de Cologne.

Le moine dut réprimer sa colère. Mais toute sa réponse sonnait comme un reproche :

– Tu ne peux pas te l'expliquer ? As-tu marché les yeux fermés ? La trace de ton armée est jalonnée de cadavres d'enfants qui ne sont même pas arrivés jusqu'à la mer qui doit se fendre à ta prière comme tu le leur as promis.

Nicolas rejeta la tête en arrière et réaffirma que le Seigneur le lui avait clairement donné à entendre.

– J'espère alors seulement que tu ne l'as pas mal compris. La colère des enfants pourrait s'abattre sur toi.

– Silence ! hurla Nicolas hors de lui. Les eaux de la mer se fendront et je conduirai mon armée à Jérusalem. Si tu as peur, reste. Je n'ai plus besoin de toi.

Frère Séverin dut faire un effort sur lui-même pour ne pas rire très fort au nez de Nicolas. Le jeune garçon offrait un spectacle assez comique dans sa présomption. Mais le moine éprouvait aussi une certaine pitié pour lui. « Comment fera-t-il lorsqu'il devra avouer à des milliers d'enfants qu'il n'est pas en mesure de les conduire en Terre sainte ? se demanda-t-il. Que feront ces enfants qui le vénèrent presque à l'égal de Jésus-Christ, lui accordent leur confiance et l'adorent comme un saint. Non, je ne peux pas l'abandonner, il aura davantage besoin de moi qu'il ne s'en doute pour le moment. »

Ces réflexions, et de sombres pressentiments sur ce qui les attendait, l'occupèrent les jours suivants tandis qu'ils avançaient vers Gênes. Cette marche n'était rien en comparaison de ce qu'ils avaient connu. On aurait dit que l'approche de la première étape donnait des ailes aux enfants. Ils ne sentaient presque plus la faim ni la soif, et ne parlaient plus que de la mer qu'ils verraient bientôt. Ils employèrent leurs dernières forces à franchir la chaîne de collines qui entourait la baie de Gênes, puis virent s'étendre devant eux la mer immense et infinie qui scintillait sous les rayons du soleil.

– Comme c'est beau ! s'exclama Agnès avec recueillement. (Elle fit passer Ève devant elle pour que l'enfant pût mieux voir.) C'est merveilleux.

Elle avait la gorge serrée, comme au bord des larmes. Et elle se dit : « Ne serait-ce que pour voir ce spectacle, j'aurais fait tout ce chemin, si j'avais su comme c'était beau. »

Bertram et Mathias contemplaient aussi, stupéfaits. Puis Bertram montra les tours et les palais de la ville, et, plus loin, les grands bateaux dans le port.

– Tu vois, murmura-t-il à Mathias. Nous partirons sur la mer avec un de ces bateaux. Je le jure.

Mathias acquiesça, subjugué.

Pendant ce temps, les enfants qui se trouvaient à proximité de Nicolas s'étaient agenouillés. Nicolas priait à haute voix, remerciant Dieu de les avoir conduits jusqu'à la mer. Agnès et Thérèse s'agenouillèrent à leur tour. Agnès pria pour Marion à qui il n'avait pas été donné de voir cette merveille.

Lentement, elles descendirent avec les autres. Mais Agnès se sentit incapable d'entonner les chants joyeux de l'armée des enfants. Le charme de la première rencontre avec la mer faisait de nouveau place à la peur de l'inconnu.

Les croisés obtinrent l'autorisation de stationner quelques jours à Gênes, pour se reposer et attendre l'arrivée des retardataires qui avaient franchi les Alpes par d'autres cols. Mais très vite des réserves se firent entendre parmi les sénateurs et citoyens de la riche cité :

– Comment nourrir autant d'enfants ? Regardez, ils sont à moitié affamés et à bout de forces. Et qui vous dit que le Saint-Père approuve leur entreprise ? Des ennemis ne pourraient-ils pas s'être infiltrés...

Des voix de plus en plus nombreuses s'élevaient contre un séjour prolongé de l'armée des enfants dans la ville. Cela vint aux oreilles de Nicolas, qui réclamait à tout prix l'accord des autorités. Il aurait aimé retarder au maximum le jour où, avec l'aide de Dieu, il devait faire se fendre les eaux de la mer.

En attendant, les enfants submergeaient littéralement la ville, envahissaient les ruelles et les marchés, s'étonnaient de tout ce qu'ils voyaient de neuf et d'étranger. Les habitants se montraient encore généreux : pour entendre un récit des enfants, ils donnaient volontiers du pain et du fromage, du lait et même de la viande. C'étaient des agapes inhabituelles pour l'armée des pèlerins affamés qui se mirent à parler. Ils évoquèrent avec une sincère crédulité l'événement imminent qu'ils attendaient et annoncèrent à tous ceux qui les écoutaient que la mer allait se fendre devant eux.

Les membres du clergé ne savaient pas comment se comporter. Les habitants de la ville s'étaient laissé prendre aux paroles des enfants. Ils attendaient un miracle. Devait-on se tenir à l'écart et laisser toute la gloire à un jeune garçon ? D'un autre côté, si le miracle se produisait, le mérite en reviendrait à Dieu, il fallait donc le louer. Or c'était leur mission. Ils décidèrent, comme les conseillers de la cité et un grand nombre de Génois, de se rendre eux aussi au bord de la mer le lendemain matin.

Bertram, Mathias et Gallus ne s'arrêtèrent pas longtemps dans la ville. Ils coururent au port où les grandes galères et d'autres bateaux avaient jeté l'ancre. D'immenses voiles se gonflaient sur les navires qui entraient au port, d'autres avançaient à la rame, avec des rameurs qui étaient des esclaves.

Bertram en avait les yeux tout brillants.

– Espérons que la mer ne se fendra pas ! Je préfère m'embarquer pour Jérusalem sur un de ces bateaux que continuer péniblement à pied. Et je parie qu'il nous faudrait en plus marcher dans le sable mouillé.

Il agitait ses orteils dans la poussière. Les deux autres étaient de son avis.

– Mais qui paiera le bateau ? demanda Gallus. Nous n'avons pas d'argent.

Bertram leur fit signe de se rapprocher de lui.

– Jobst a de l'argent, murmura-t-il, ma mère lui en a confié. Et s'il ne veut pas nous le donner, nous le prendrons.

Mathias le regarda d'un air sceptique.

– Comment veux-tu faire ? Jobst n'est pas idiot, il ne place pas la bourse de telle sorte qu'on puisse la lui prendre.

– Il doit nous le donner ! s'exclama Bertram en avançant insolemment la lèvre inférieure. Cet argent m'appartient, il n'est pas à lui !

Les deux autres n'avaient plus rien à dire. Mathias se laissa vite distraire par l'activité du port qui le captivait. Il songea brièvement à sa sœur Agnès, qui ne serait certainement pas d'accord pour poursuivre le voyage en bateau jusqu'à Jérusalem. Lui, Mathias, en tout cas, ne rentrerait jamais à la maison. En route, il avait découvert la liberté.

Gallus aussi était inquiet de ce que projetait Bertram. Certes, l'idée de prendre un de ces bateaux pour voyager sur la mer immense était séduisante. Et lui non plus ne voulait pas retourner dans le petit village d'où il était venu. Déposé à la porte d'un monastère quand il était bébé, il avait été élevé par les nonnes. Mais il ne voulait pas devenir moine. Le monde lui semblait plein d'aventures. Pourquoi aurait-il dû passer sa vie derrière les murs sombres d'un monastère ? Il avait interprété comme un signe du ciel l'appel de Nicolas à la croisade des enfants. Et personne n'avait pu lui interdire d'y participer.

Il n'avait pas prêté serment, pas plus que Bertram et Mathias. Et il était enfin devenu libre.

Chapitre 11

Lorsqu'on ramena sur une civière de branches la dépouille du burgrave Jacob dans la cour intérieure du château, personne ne porta son deuil. La comtesse Malwina resta silencieuse auprès de son mari mort. Personne ne pouvait deviner les pensées qui lui traversaient l'esprit. Puis elle prit son voile, et s'en couvrit le visage.

Peu après, elle appela le père Boniface auprès d'elle.

– Je voudrais que l'on fasse à Jacob von Schönfels de dignes funérailles. Vous en aurez la charge, mon père. Vous connaissez mieux que tout autre les pensées et les actes de mon mari.

Le père Boniface se sentit flatté. Il décrivit longuement à Malwina la façon dont il se représentait les funérailles du burgrave. Et il ajouta :

– La douleur de la perte de votre mari vous mettra dans l'incapacité de diriger les affaires courantes. Je le ferai pour vous...

– Non ! Malwina l'interrompit avec dans la voix une dureté dont il ne l'aurait pas crue capable. Je suis parfaitement en état de présider au sort des personnes et des biens dont le soin m'est confié. Faites votre devoir de prêtre, père Boniface. Après les funérailles du burgrave, vous retournerez dans votre monastère. Je n'aurai plus besoin de vous. Mon conseiller spirituel est le père Johann.

Le père Boniface ne renonça pas.

– Votre esprit est troublé, Malwina. Et il y a encore autre chose à faire qu'à gérer vos biens. Le comte Jacob n'est pas mort de mort naturelle. Il faut trouver le meurtrier de votre époux...

– Mais ce n'est pas à vous de le trouver ! répliqua-t-elle avec fermeté. Vous pourrez l'assister spirituellement en l'accompagnant à la potence. Pour l'instant, laissez-moi seule avec mon deuil. J'ai besoin de calme.

Le père Boniface obtempéra en serrant les dents. Il ne s'attendait pas à ce que

Malwina lui résistât. Il croyait rencontrer une veuve éplorée, qui, en toute confiance, remettrait tout entre ses mains. Mais il n'était pas encore prêt à renoncer à ses projets.

De son côté, Malwina fit tout autre chose que pleurer son mari. Elle appela Berte.

La servante arriva avec l'enfant, croyant que la châtelaine voulait voir Roswitha.

– Elle a déjà pris des forces, dit Berte en tendant l'enfant à sa mère pour que celle-ci lui donnât le sein.

Comme Berte s'apprêtait à ressortir immédiatement, Malwina la retint.

– Regarde si quelqu'un nous écoute, ordonna-t-elle.

– Il n'y a personne devant la porte, répondit Berte après s'en être assurée. Et père Boniface est allé à la chapelle.

– C'est bien, nous pouvons parler tranquillement. Connais-tu un garçon de confiance, qui sache monter à cheval.

Berte rougit.

– Il y aurait Florian.

– Tu es amoureuse de Florian ?

Berte n'osait pas regarder la châtelaine.

– Oui, madame.

Malwina s'estima satisfaite de la réponse.

– Alors, envoie-moi Florian. Mais fais attention que personne ne s'en aperçoive. Je garde l'enfant, jusqu'à ce que tu reviennes.

Berte revint aussi vite qu'elle était partie.

– Le voici.

Elle poussait devant elle un solide gaillard, si embarrassé qu'il ne savait où regarder.

– Reprends Roswitha avec toi, Berte. Et toi, Florian, approche.

Lorsque la servante eut quitté la chambre, Malwina dit :

– Le burgrave est mort, il a été sournoisement assassiné. Que sais-tu sur cette affaire, Florian ? Qu'est-ce qu'on dit parmi les gens du peuple ?

Florian, resté jusque-là dans une attitude d'humble soumission devant la châtelaine, se redressa et leva fièrement la tête.

– Je n'en sais pas plus que les autres, Madame. Ils ont trouvé le burgrave après l'avoir cherché pendant deux jours. Son corps était caché sous les buissons. D'un coup de couteau, quelqu'un l'a...

– Qui ? Y a-t-il des bruits qui courent sur celui qui l'a fait ?

– Non, Madame. Personne ne le sait.

Malwina hésita avant de poursuivre ses interrogations.

– Le deuil du seigneur est-il grand dans le peuple ?

Florian ne savait pas très bien la réponse qu'elle souhaitait. Mais il décida de dire la vérité, car il avait eu vent de ce qu'avait souffert la châtelaine.

– Le deuil de votre premier mari a été grand, déclara-t-il. Nul ne pleure celui-ci.

– Alors tu comprendras la mission que je vais te confier, Florian. Et je veux avoir l'assurance que tu n'en diras rien.

– Ce ne sera rien qui aille contre la justice, et je me tairai, Madame.

– Tu aimes Berte ?

– Oui, nous voudrions nous marier, mais...

– Vous aurez mon autorisation et beaucoup plus encore, quand tu auras accompli ma mission et que tu reviendras... avec Bertram.

Malwina demanda à Florian de rattraper l'armée des enfants et de ramener Bertram, Agnès, Jobst et les autres.

– Ce n'était pas mon désir, et pas non plus celui de mon fils qu'il suivît Nicolas, affirma-t-elle. Le père Boniface a inventé ça pour que le comte ait les mains libres. Prends un cheval, va aussi vite que tu peux, et ramène Bertram.

– Oui, Madame.

Florian n'en dit pas plus, mais Malwina savait qu'elle pouvait compter sur lui.

Comme à Mayence, Hickler et Pontian se retrouvèrent à Gênes dans une auberge où ils ne semblaient pas s'être donné rendez-vous. Aucun observateur n'aurait pu soupçonner qu'ils se connaissaient.

– Combien d'enfants reste-t-il ? demanda sommairement Pontian. Et pourquoi viens-tu seul ?

Hickler but une grande gorgée de vin rouge.

– Deux questions auxquelles il n'est pas facile de répondre. À la première, je ne saurais répondre précisément car...

– Tu sais compter, non ?

– Je sais compter, Pontian, mais je ne sais pas si tu veux que je compte aussi les malades, les amaigris, les indécis et tous ceux qui s'enfuiront si la mer ne se fend pas devant Nicolas. Aujourd'hui, si l'on estimait à mille le nombre d'enfants restants qui se laisseraient persuader de monter sur tes bateaux, ce serait peut-être encore exagéré.

– À peine mille ? Voilà qui ne plaira guère à mon maître. Vous n'avez pas suffisamment veillé sur les enfants ? Comment ont-ils pu maigrir et douter de ce que prêchait Nicolas ? Dis-moi maintenant la vérité, Hickler. Sans quoi je te livre à mon maître pour qu'il te fasse fouetter comme ses esclaves !

Hickler ne se laissa pas intimider.

– C'est toi qui nous as confié notre mission, Pontian. Ce sera à toi de rendre compte à ton maître. Pas à moi. Note donc bien ce que je vais te dire et n'en oublie rien !

Hickler relata à son auditeur incrédule les pertes qu'ils avaient subies en route et les difficultés de la longue marche. Il rapporta aussi la mort de Farold.

– Et tu n'a rien à voir avec ça ?

Pontian était drapé dans une vaste cape qui faisait ressortir ses origines méridionales.

Hickler faisait l'effet d'un mendiant face à lui, et il avait d'ailleurs le sentiment que Pontian le traitait comme tel. Cela lui fit monter la colère au visage.

– Non, je n'ai rien à voir avec ça ! dit-il en levant le ton. Et je ne suis pas venu jusqu'ici pour m'entendre dire ça par toi !

Pontian, qui ne voulait pas attirer l'attention sur eux, leva la main en signe d'apaisement.

– C'est bon, Hickler. Du reste, cela n'a plus

d'importance. Mille, dis-tu. Tout au plus mille.

– Oui, il ne servirait à rien de se raconter des histoires. Sans doute sont-ils même encore moins. (Hickler repoussa la coupe de vin posée devant lui. Il ne voulait pas s'enivrer pour se faire gruger par l'autre, comme à Mayence par Farold.) J'ai fait ce que j'ai pu pour que le plus grand nombre d'enfants arrivent jusqu'à Gênes. J'ai surveillé les curetons pour que les dons en argent soient dépensés pour l'entretien des enfants et n'atterrissent pas dans leurs poches. J'ai constamment soutenu Nicolas, en lui fournissant des vêtements somptueux, des mets délicieux et les breuvages les plus raffinés, pour lui donner des forces, et pour qu'il ait vraiment l'impression d'avoir entendu ce que le Sauveur lui a prétendument annoncé en personne.

Pontian refit encore le même signe de la main.

– C'est bon, Hickler. Maintenant, il faut manœuvrer de sorte que les enfants montent sur les bateaux qui attendent dans le port.

Hickler se leva d'un bond.

– Non, ça n'a jamais été notre accord, Pontian. On avait dit jusqu'à Gênes, et tout le reste n'était pas notre affaire.

– Assieds-toi, Hickler. Et ne crie pas pareillement. Veux-tu que le projet échoue maintenant ? La croisade française n'a pas eu de pertes aussi fortes que vous. Les bateaux sont déjà en route pour Alexandrie et pour Damiette. Vous êtes trop peu...

Hickler eut du mal à se calmer. Mais il se rendait compte que crier n'arrangerait pas la situation. Il céda donc.

– Mais nous amenons des enfants blonds au teint clair. Ce sont les plus forts et les meilleurs. Ils ont survécu, résisté à toutes les épreuves. Il rapporteront de bonnes sommes sur le marché aux esclaves.

– Tais-toi, idiot ! lui rétorqua Pontian. Alors où est le problème ? Amène les enfants sur les bateaux et tu auras le reste de la récompense pour ton – pour votre – travail !

– Quel reste ? Mais je n'ai encore rien reçu !

Pontian plissa les yeux jusqu'à ce qu'ils ne forment plus qu'une fente.

– J'ai donné à Farold la moitié de la somme à Mayence, pour qu'il la partage avec toi. L'autre moitié devait vous être remise ici, une fois le travail achevé. Il en était convenu ainsi.

De nouveau, Hickler ne put se contenir.

Il sauta sur ses pieds et attrapa Pontian au collet.

– Misérable escroc ! Je n'ai rien eu ! Rien ! Et si tu ne me paies pas ma part sur-le-champ, tu n'auras pas un enfant sur tes bateaux. J'y veillerai. Ils seront étonnés les sénateurs de la ville, quand ils apprendront que toute cette croisade n'était qu'un leurre. Ils t'étriperont et, avant eux, les enfants ne manqueront pas...

– Tais-toi, tais-toi donc, soufflait Pontian, haletant. Tu auras ta part. Il fit un ultime effort, repoussa Hickler, jeta quelques pièces sur la table pour l'aubergiste et se détourna pour partir. Si tu dévoiles le projet, Hickler, tu auras fait tout ce chemin pour rien. Si tu te tais, tu auras ta part et celle de Farold. Ne sois donc pas stupide.

Hickler le suivit des yeux d'un air furieux. Une fois de plus, il avait perdu la partie. Contre Pontian, il ne l'emportait jamais. Farold aurait certainement trouvé de meilleurs arguments pour lui faire verser la part promise. Maintenant, Hickler n'avait plus qu'à faire ce que voulait Pontian. S'il avertissait Nicolas et les enfants, il ne toucherait rien.

Il sentit monter en lui la haine de Pontian. Et, tout en buvant son vin, une coupe après l'autre, il rêvait de vengeance. Il imaginait la horde des enfants enragés qui se jetaient sur Pontian, le lapidaient ou le poussaient jusqu'à la mer pour qu'il se noyât lamentablement. Alors tous ses bateaux ne lui serviraient plus à rien. Hickler eut un rire méchant.

– Mais d'abord, je veux ma part, bredouilla-t-il, après, ils peuvent le prendre.

La nuit qui précéda le miracle que devait accomplir Nicolas, rares furent les enfants qui dormirent paisiblement.

La petite Ève, couchée entre Agnès et Thérèse, ne cessait de se redresser en demandant :

– C'est l'heure ? Nous ne sommes pas endormis ? La mer s'est-elle déjà ouverte ?

– Couche-toi, Ève. C'est encore le milieu de la nuit, et si tu ne dors pas, tu seras fatiguée le moment venu.

Agnès entendit l'enfant prier. « Elle va être très triste, demain, pensa-t-elle. Nicolas ne fera pas se fendre les eaux de la mer. Et si jamais il y réussissait... la mer est infinie, il faudrait marcher encore très longtemps pour arriver en Terre sainte. Et j'aurais toujours peur que l'eau nous engloutisse tous. Je ne souhaite pas que le miracle se produise. »

Agnès eut les larmes aux yeux. « Si la

mer se fendait, je ne perdrais pas Jobst, pensa-t-elle. Mais c'est impossible. »

Dans la ville, Jobst en avait appris beaucoup plus long que les enfants qui, tout éblouis, et se livrant à la mendicité ou même à la rapine, traînaient à travers les rues de Gênes comme des chiens abandonnés. Il avait suivi Hickler, lorsque celui-ci était allé retrouver Pontian à l'auberge. Il avait réussi à prendre place à côté des deux hommes sans qu'ils s'en aperçoivent. Ce qu'il avait perçu de leur conversation, même si ce n'était que des phrases décousues, l'avait rendu très méfiant. Et les informations qu'il avait recueillies au port étaient venues confirmer ce qu'il avait cru comprendre. Mais ce qui avait achevé de le persuader qu'on avait attiré les enfants dans cette croisade par de fausses promesses, c'était la réplique moqueuse d'un marin.

– Pourquoi la mer devrait-elle se fendre ? Vous comptiez aller tout droit de Gênes à Jérusalem ?

– C'est ce qu'avait dit Nicolas. Et ce que disent les hommes de sa suite.

L'homme riait aux éclats, en se tapant sur les cuisses. Il n'arrivait pas à s'arrêter. Enfin, il dit :

– Je vais te montrer, imbécile.

De la pointe d'un bâton, il avait tracé dans le sable les contours de l'Italie.

– Tu vois, cela ressemble à une botte, avec de l'eau de tous les côtés. Et ça ici, c'est Gênes. Mais Jérusalem est là.

Jobst prit peur.

– Pourquoi faudrait-il que la mer se fende donc devant nous à Gênes ? Il faudrait que nous descendions tout le long de la botte ! Ce serait un chemin inutile dans la mer...

– Justement ! s'exclama le marin, riant comme un fou. Ce n'est pas seulement une absurdité, mais une immense escroquerie à laquelle vous vous êtes tous laissé prendre.

Jobst crut cet homme qui avait souvent voyagé sur les mers. Nicolas ne se doutait-il donc pas le moins du monde de l'énormité du mensonge ? Ne faudrait-il pas que quelqu'un le lui dise ? Ne devait-il pas être informé du danger qui menaçait les enfants s'ils montaient sur les bateaux qui les attendaient au port ? Mais comment prouver que ce qu'il avait entendu était la vérité ? Jobst n'avait pas de réponse à cette question. La nuit, une fois les enfants endormis, il rapporta à Agnès et à Thérèse ce qu'il venait d'apprendre.

– Il faut mettre en garde Nicolas, dit-il. Il va arriver un grand malheur si...

– Mais que peux-tu faire ? (Le doux visage de Thérèse était tout empourpré.) Le miracle ne se produira pas. Mais tu n'y as jamais cru, pas plus qu'Agnès, pas plus que moi. Et tous les autres, qui y croient, suivront de nouveau le premier qui leur promettra de les emmener en Terre sainte. Que veux-tu qu'ils fassent d'autre ? Ils ne voudront jamais admettre qu'ils ont été dupés. Tu peux raconter tout ce que tu voudras...
– Thérèse a raison, intervint Agnès tout excitée. La plupart se raccrochent à leur espoir comme à une planche de salut qui les porterait sur cette mer qui ne va pas se fendre devant eux. Ils ne te croiront pas. Même Nicolas ne te croira pas.
– Alors que faire ? demanda Jobst, désemparé.

Agnès regarda autour d'elle si aucun des enfants ne s'était réveillé et ne les écoutait. Lorsqu'elle fut sûre que personne ne l'entendait, elle dit :
– J'y ai déjà pensé. Il faut faire demi-tour, parcourir tout le chemin en sens inverse. S'il n'y a pas de croisade...
– Je ne retournerai pas là-bas, Agnès ! Jobst la tenait par le bras. Et tu m'avais promis de rester auprès de moi.

– Ce n'est pas possible, Jobst. Il faut que je ramène Bertram à la maison.

Thérèse ne dit pas un mot. Ses yeux cherchaient ceux de Jobst. Agnès éprouva un sentiment qu'elle ne pouvait s'expliquer. C'était un mélange d'angoisse et d'impuissance. « Thérèse restera avec lui, pensa-t-elle. Et moi, il faut que je le quitte. » Elle se détourna et fit quelques pas sur le rivage. Le vent séchait ses larmes. Il ne restait qu'un peu de sel sur ses joues. « Il faut que je ramène Bertram, pensa-t-elle encore, désespérée. Sa mère me l'a confié. »

Agnès échafaudait mille projets qu'elle rejetait immédiatement. Laisser libre cours à ses sentiments lui faisait du bien. « Au lever du jour, pensa-t-elle, personne ne saura rien de mon tourment. Et Jobst doit moins que tout autre apprendre la peine que j'ai à l'idée que Thérèse puisse rester auprès de lui. La mère de Bertram sera heureuse de retrouver son fils. Et Mathias ? Restera-t-il avec Jobst ? Et moi ? Supporterai-je d'être prisonnière, toute une vie ? »

Chapitre 12

La mer ne se fendit pas.

Des milliers de personnes, adultes et enfants, s'étaient massées sur le rivage dès le lever du soleil. La mer scintillait aux premiers rayons du soleil comme de l'argent fondu que l'on aurait parsemé de pierres précieuses. Subjugués par ce spectacle et dans l'attente du miracle, ils étaient tous pris d'une euphorie à laquelle même les plus sceptiques ne pouvaient se soustraire. Agnès se tenait à côté de Jobst qui avait hissé sur ses épaules la petite Ève. Les yeux de l'enfant brillaient d'un éclat fiévreux et elle ne cessait de répéter :

– Nicolas va arriver. Il fera s'ouvrir la mer, et nous irons à pied sec jusqu'à Jérusalem. Il n'y en a plus pour longtemps.

Agnès sentait l'excitation d'Ève. Elle levait constamment les yeux vers elle, et croisait au passage le regard de Jobst qui semblait lui demander : « Que vas-tu faire ? » L'attente de Nicolas devenait de plus en plus insupportable. Enfin, brusquement, un mouvement se dessina dans la foule, et Nicolas accompagné de sa suite se fraya un étroit passage jusqu'aux premiers rangs. Au bord de l'eau, les enfants reculèrent en demi-cercle, pour laisser à Nicolas la place d'accomplir son miracle. Même ses accompagnateurs s'arrêtèrent au niveau des enfants.

Agnès reconnut frère Séverin, les mains dans les manches de sa robe. Elle reconnut aussi Hickler que lui avait décrit Jobst.

Nicolas lui semblait incroyablement seul. En cet instant, Agnès aurait presque souhaité que le frêle enfant avec ses longues boucles blondes eût pu accomplir le miracle. Il lui semblait faire chaque pas avec lui. Il avança jusqu'à ce que les vagues baignent doucement ses pieds nus. Arrivé là, Nicolas recula d'un pas tout à coup. Il leva les bras, sa chemise de pèlerin d'un blanc immaculé retomba en arrière. Et même ceux qui se trouvaient aux derniers rangs purent alors entendre la prière qu'il adressa au ciel d'une claire voix d'enfant de chœur.

Les enfants agenouillés priaient à voix haute avec lui. La petite Ève voulut descendre des épaules de Jobst. Elle voulait s'agenouiller comme les autres sur le sol et prier avec eux. Agnès l'entendit répéter d'une voix suppliante et angoissée :

– Mer, ouvre-toi ! Mer, je t'en prie !

Mais la mer resta comme elle était. Une surface lisse et brillante à la lumière du matin, s'étendant bien plus loin que le regard ne pouvait aller.

La foule commença de s'agiter.

– Nicolas, que la mer se fende.

Ce cri fut repris en écho par mille voix. Nicolas se jeta par terre. Ses mains touchaient l'eau. Il repoussait le sable, sans arrêt, refaisant sans cesse le même geste.

– Elle ne s'ouvre pas ! (C'était Hickler qui venait de crier.) Tu nous a menti, Nicolas !

Dans le tumulte invraisemblable qui se déchaîna alors, Nicolas réussit à s'échapper. Les enfants se rassemblèrent alors autour de Hickler et de quelques hommes qui se trouvaient à côté de lui.

– Maintenant, il va dire aux enfants que des bateaux les attendent au port. Le premier mensonge sera suivi d'un second. Pour finir, nous nous retrouverons tous sur le marché aux esclaves ! Venez, il ne faut pas que nous restions là, s'exclama Agnès. Elle chercha des yeux Bertram et Mathias et dit : Venez, il faut décider de ce que nous allons faire !

Alors seulement elle remarqua qu'Ève, qui la suivait, était complètement bouleversée.

– Il ne faut pas être triste, Ève, lui dit-elle. Les miracles sont rares. Peut-être qu'aujourd'hui, ce n'était pas le bon jour.

L'enfant acquiesça d'un air sombre.

– Peut-être demain.

Lorsqu'ils arrivèrent à leur campement, Thérèse était déjà en train de rassembler les affaires.

– Ils disent que l'on peut rester à Gênes en travaillant. Et que le pape à Rome dégage les enfants de leur serment. Mais uniquement les filles. Les garçons devront repartir en croisade plus tard.

– Je suis sûre que Bertram, Mathias et Gallus n'ont pas prêté serment. Par conséquent, ils sont libres.

Agnès l'affirmait avec certitude. Mais elle ne voyait nulle part les garçons.

– Ne te fais pas de souci Agnès. Ils reviendront quand leur estomac criera famine.

Jobst ne semblait pas se soucier de la suite des événements. Il observait, lui aussi, les enfants qui se bousculaient autour des hommes qui avaient l'air de vouloir leur expliquer quelque chose. Mais cela ne l'intéressait pas.

Agnès commença à son tour à tout emballer. Souvent elle s'arrêtait, indécise. Il n'y avait pas de raison de partir tout de suite. Le retour serait long. Et elle n'avait pas non plus envie de se séparer si vite des autres. La pensée qui lui était venue dans la nuit l'oppressait à nouveau. Pourtant, maintenant, c'était décidé. Elle n'avait pas d'autre solution que de faire demi-tour. Mais que dirait le burgrave ?

« Il faut que je trouve frère Séverin, songea-t-elle. Il saura me donner un conseil, et peut-être même qu'il m'accompagnera sur le chemin du retour. Le père Boniface lui a confié Bertram. » Sans donner d'explication, Agnès partit en quête du moine. Lorsqu'elle arriva à l'endroit où avait été dressée la tente de Nicolas, elle ne trouva qu'un bric-à-brac sans personne.

– Où sont-ils ? demanda-t-elle à un groupe d'enfants qui traînaient à proximité. Où est Nicolas ?

– Ils ont filé. Ils n'ont pas laissé de quoi manger. Mais on nous donnera ça sur le bateau, ce soir.

« Voilà, pensa Agnès. Et ces enfants ignorent le sort qui les attend. »

– Faites demi-tour, leur dit-elle, les voyant chercher dans ce désordre ce qui aurait pu encore servir. Vous n'arriverez jamais à Jérusalem. Ces bateaux vous emmènent en esclavage. Faites demi-tour ! Rentrez chez vous...

Les enfants ne l'écoutaient même pas. On aurait dit que les paroles d'Agnès n'étaient que du vent. Alors, elle retourna à son camp. « Ils ne me croient pas », conclut-elle, désespérée.

Ce jour-là, Agnès attendit en vain le retour de Bertram et des deux autres garçons. Le soir, elle partit à leur recherche. Jobst resta avec Thérèse et Ève sur leur camp.

– Couche la petite, Thérèse, dit Agnès. Il se peut que je mette longtemps à les trouver. Et ne les laisse pas repartir si jamais ils reviennent.

Puis elle longea la côte, où elle espérait trouver les garçons. « Mais pourquoi ne sont-ils pas revenus ? Bertram ne veut-il pas rentrer chez lui ? Craint-il que le burgrave ne trouve une nouvelle raison de se débarrasser de lui ? »

Ce n'était pas la seule pensée qui tracassait Agnès tandis qu'elle cherchait les trois garçons. Elle avait constamment présente à l'esprit l'image pitoyable qu'offrait la petite Ève, depuis le matin. D'abord, elle était restée muette. Elle marchait à côté d'Agnès, les yeux noyés de larmes. Ensuite, elle était restée assise pendant des heures sans prononcer un seul mot, jusqu'à ce que Jobst la prît dans ses bras et lui parlât pour essayer de la calmer. Qu'adviendrait-il de l'enfant ? Agnès ne savait pas où retrouver ses parents. Ève semblait les avoir totalement oubliés, et Marion n'en avait jamais parlé.

Tout à coup, Agnès entendit un fort sanglot. Avait-elle enfin retrouvé Bertram, Mathias et Gallus ? Mais, en approchant, elle ne découvrit qu'une frêle silhouette entre les rochers : Nicolas.

C'était le dernier endroit où elle aurait pensé qu'il fût. Il avait disparu depuis le matin. Elle s'était dit qu'il avait dû partir avec les hommes de sa suite et frère Séverin par peur de la colère des enfants.

Nicolas ne remarqua la présence d'Agnès que lorsqu'elle lui posa la main sur l'épaule. Effrayé, il se redressa. Il poussa un soupir de soulagement lorsqu'il la reconnut et dit :

– Ah, ce n'est que toi. Je craignais qu'ils

me poursuivent déjà. Tu as vu les pierres dans leurs mains. Pour un peu, ils m'auraient tué. Ingrats...

Les larmes ruisselaient sur son visage.

Agnès s'assit à côté de lui.

– Pourquoi les accuses-tu d'ingratitude ? Ils ont été déçus dans leur immense espoir, et ils ont le sentiment d'avoir été trompés. Que va-t-il advenir d'eux ?

Nicolas tordit la bouche en grimaçant.

– En quoi est-ce que ça me regarde ?

De la manche de sa chemise blanche souillée, il essuyait ses larmes. Ses cheveux blonds et bouclés, d'ordinaire si beaux, pendaient en mèches sur sa figure.

– Où vais-je aller ?

– Parler aux enfants ! répliqua durement Agnès. Il faut que tu leur dises que les bateaux ne les mèneront pas en Terre sainte, mais sur un marché d'esclaves. Ne le savais-tu pas ?

Nicolas différa sa réponse.

– Je ne l'ai appris qu'aujourd'hui. J'ai entendu une conversation entre un beau monsieur...

– Tu peux tout dire, Nicolas. Je sais ce qu'il en est : les enfants qui survivront à la traversée seront vendus comme esclaves sur le marché d'Alexandrie ! Non ?

– Si. Et puis ils sont tous partis avec la

caisse. Ils se sont partagé tout ce qu'il y avait de précieux. Moi, ils ne m'ont rien laissé.

Agnès secoua la tête.

– Aurais-tu accepté quelque chose ?

Nicolas sembla ne pas avoir entendu la question.

– Ils m'ont traité comme si je n'existais pas, si je n'étais pas là. C'est pour ça que je suis parti. Et personne n'a rien fait pour me retenir.

– Tu ne présentais plus aucun intérêt pour eux.

Le jeune garçon se mit alors à pleurer à chaudes larmes.

– Plus aucun intérêt ? Ils m'ont toujours dit que les enfants me vénéraient, qu'ils m'adoraient presque comme le Sauveur. Ils m'ont toujours obéi ! Et tu prétends que je ne présentais plus aucun intérêt à leurs yeux ?

– Va jusqu'aux bateaux, Nicolas, répondit Agnès, toujours aussi durement. Dis aux enfants qu'ils ont été trompés, exactement comme toi. Alors, ils te croiront. Je viens avec toi, si tout seul tu n'en as pas le courage.

– Non, je n'irai pas. Ils me lanceront encore des cailloux. Tu crois que j'ai envie de me faire tuer ?

Agnès sentait monter en elle la colère. Son accusation fut beaucoup plus violente qu'elle ne l'aurait voulu :

– Tu trembles pour ta vie ? As-tu jamais eu pitié de ceux qui te suivaient et n'ont même jamais atteint cette mer ? L'armée des croisés a laissé derrière elle une multitude d'enfants morts au bord du chemin, d'enfants qui tombaient sur les genoux, épuisés et malades, et te regardaient avec envie parce que tu étais censé conduire les autres à Jérusalem. Tu t'es laissé prendre à ton rôle de chef de cette armée, tu t'es cru de plus en plus grand, tellement grand que tu n'as plus vu le malheur des autres.

Agnès pleurait sur ce grand malheur qui les avait tous frappés. Elle pleurait aussi parce qu'elle ne savait pas comment les choses allaient continuer. Il fallait qu'elle repartît, à cause de Bertram. Tandis que Jobst et Thérèse pourraient commencer une nouvelle vie. Ensemble.

– Je n'ai pas menti ! s'écria brusquement Nicolas pour se défendre. Le Sauveur m'est apparu et avec lui ses anges. Ils m'ont donné mission de libérer avec les enfants le Saint-Sépulcre profané par les païens. Ils m'ont donné mission de mener l'armée des enfants. Moi ! Nicolas ! C'est la vérité !

Agnès regarda à nouveau l'enfant révolté et désespéré qui essayait de se sauver par un mensonge fondamental. « Il ne comprendra jamais ce qu'il a fait, songea-t-elle. Et il ne reconnaîtra jamais qu'on a abusé de sa foi. Sinon il ne pourrait pas continuer de vivre. » Prise de pitié, elle lui tendit une perche :

– Parfois, on souhaite tellement quelque chose qu'on finit par y croire soi-même, reprit-elle doucement. Et alors on se trouve pris dans un mécanisme irréversible. Tu es peut-être le moins coupable de tous, Nicolas.

Le jeune garçon n'avait pas compris qu'Agnès voulait lui venir en aide.

– J'ai eu l'apparition du Seigneur, réaffirma-t-il. Et il fera se fendre la mer devant moi ! Il le fera.

Tout à coup, il courut au bord de l'eau. Là, il s'agenouilla et se mit à prier à haute voix. Mais il ne joignait pas les mains, ni ne les levait vers le ciel étoilé. Nicolas creusait un sillon dans le sable, comme il l'avait fait le matin.

Agnès se leva et repartit par où elle était venue. Elle ne se retourna pas. Les trois garçons qu'elle cherchait, elle ne les trouverait pas là.

Le lendemain matin, Ève avait disparu, elle aussi.

Jobst et Thérèse ne savaient que dire.

– Elle s'est comportée bizarrement tout hier soir, se souvint Thérèse. Elle ne cessait de répéter que Marion l'attendait à Jérusalem sous la porte dorée.

Jobst ne voulait rien dire. Comme Agnès insistait, il observa tristement :

– Elle m'a échappé, sans que je m'en aperçoive. Elle aura sans doute voulu s'embarquer sur un de ces bateaux. Beaucoup d'enfants sont allés au port. Bertram et les deux autres aussi. Je vais les chercher...

– Je viens avec toi.

Agnès voulut à tout prix le suivre. Elle partit avec Jobst vers le port. Elle n'avait rien emporté, espérant revenir bientôt.

Lorsqu'ils arrivèrent, des enfants étaient déjà depuis longtemps à bord des bateaux qui les attendaient.

– Où trouver Bertram et les autres ? soupira Agnès, désespérée. Et qui pourrait faire comprendre aux enfants qu'ils n'atteindront jamais Jérusalem ?

Jobst secoua la tête d'un air coupable.

– C'est trop tard, Agnès. Pendant que tu

cherchais Bertram, je me suis dit qu'il vaudrait mieux demander au port si personne n'avait vu les garçons.

– Et quelqu'un les avait-il vus ? demanda Agnès en colère. Pourquoi ne me l'as-tu pas dit tout de suite, Jobst ? Peut-être que nous les aurions retrouvés depuis longtemps.

– Il était trop tard, répéta Jobst. Ils avaient déjà été embarqués sur ces bateaux. Et je n'avais pas envie de te perdre en plus.

Jobst attrapa Agnès par les épaules et la tourna vers lui, de sorte qu'elle ne pouvait pas se dérober à son regard.

– On les emmène sur le marché aux esclaves, Agnès ! Veux-tu par hasard y aller aussi ?

– Je dois aller où va Bertram. Il faut qu'ils descendent de ces bateaux, Jobst ! Il faut que je les retrouve.

Quatre grands bateaux étaient prêts à l'appareillage. Les marins détachaient des bittes d'amarrage de lourdes cordes, des ordres retentissaient de toutes parts, on hissait les voiles.

– Il faut que je trouve Bertram !

Agnès essayait de se libérer de l'emprise de Jobst, mais il la tenait fermement.

– C'est impossible, Agnès ! Ils ne sont peut-être même pas sur les bateaux.

– Si, sur celui-là !

À côté d'eux apparut brusquement un homme, qu'Agnès ne reconnut pas au premier abord parce qu'il ne portait plus sa robe de moine, mais était habillé comme un riche bourgeois de Gênes.

– Frère Séverin !

Jobst fut si étonné qu'il relâcha sa main. Il tenait moins fermement Agnès. La jeune fille en profita pour se précipiter vers le bateau que venait de leur montrer frère Séverin. Tout s'était passé si vite que Jobst ne put l'empêcher d'y aller. Il eut seulement le temps de voir encore deux hommes la hisser à bord avant que le bateau ne levât l'ancre. Les autres navires prirent de la vitesse aussi, ils quittèrent le port l'un derrière l'autre, profitant d'un vent favorable.

Jobst resta comme paralysé, incapable de faire aucun mouvement. Les paroles de frère Séverin le ramenèrent à la réalité.

– J'ai tout fait pour dissuader le jeune seigneur de monter sur le bateau, déclara-t-il. Mais je n'ai pas pu le retenir, pas plus que les deux autres. « Je rentrerai, quand je serai grand. Alors je chasserai Jacob et son bâtard, et je libérerai ma mère. » Voilà ce qu'il m'a dit. Il nourrit contre son beau-père une haine infinie.

Jobst acquiesça.

– C'est pour ça qu'il ne veut pas rentrer chez lui ? Lui as-tu expliqué qu'il allait vers l'esclavage ?

– Il n'a pas voulu le croire ! répliqua frère Séverin. Il a pensé que c'était un prétexte inventé pour l'empêcher de partir.

– Nous ne pouvons tolérer qu'il lui arrive quelque chose. Tu vas m'accompagner, frère Séverin.

Le ton sur lequel Jobst sommait cet homme, qui ne se voulait plus moine, de venir en aide à Bertram était si impératif que l'autre n'osa pas lui résister.

– Où ? se contenta-t-il de demander.

– Par le prochain bateau, là où sont partis les autres !

Jobst ne pensait pas tant à Bertram qu'à Agnès.

– Ce n'est pas si simple, objecta frère Séverin, cherchant encore toutes les possibilités de se dérober. Et on ne peut pas faire ça sans argent. En as-tu ?

Jobst ne dit presque plus rien. Il valait mieux que l'autre n'eût pas trop d'informations.

– Tu es responsable de Bertram, ajouta-t-il simplement, terminant la conversation sur un ton de reproche.

Chapitre 13

Agnès passa par-dessus les enfants couchés les uns contre les autres sur le pont et dans les soutes. Le bateau était surchargé. Agnès ne savait toujours pas ce qui lui était arrivé. Tout cela s'était passé à une vitesse extraordinaire. Des hommes forts s'étaient emparés d'elle à la dernière minute et l'avaient jetée sur les planches du bateau. Et quand elle s'était remise de sa peur, le bateau était déjà loin du quai, elle n'aurait pas pu repartir, même si elle l'avait voulu. Elle dut donc se résigner à se trouver embarquée sur un navire sans savoir si Bertram, Mathias et Gallus l'avaient pris aussi. Tant qu'elle pouvait distinguer quelque chose, elle avait regardé le port : Jobst et frère Séverin étaient restés sur le quai.

Ils étaient devenus de plus en plus petits et, pour finir, Agnès ne les avait plus vus.

« Maintenant, c'est fini, soupira-t-elle. Aucun des enfants qui sont sur ce bateau ne verra jamais Jérusalem. Ils vont tous se retrouver sur un marché aux esclaves, on ne sait où. Mais il fallait quand même que je prenne le bateau sur lequel doit se trouver Bertram. » Agnès vit les visages d'enfants éprouvés, elle demanda à quelques-uns d'entre eux s'ils n'avaient pas vu les trois garçons.

Tout à coup elle découvrit Ève. La petite fille était assise, souriante, contre un mât du bateau. Le vent emmêlait ses cheveux et jouait avec sa robe déchirée.

Ève ne fut pas étonnée du tout de voir Agnès à côté d'elle. De son petit bras maigre, elle fit signe vers l'avant du navire.

– Regarde, nous y serons bientôt. Marion m'attend sous la porte dorée. Je l'ai déjà vue. Elle me fait signe.

Agnès fut effarée de ce trouble.

Ève avait-elle encore tous ses esprits ? Comment pouvait-elle seulement dire une chose pareille. Pour distraire l'enfant, elle demanda :

– Où est Bertram ? L'as-tu vu avec les deux autres ?

– Oui, oui, répondit Ève, l'air sérieux. Ils vont à Jérusalem.
– Où sont-ils, Ève ?
– Là-bas...

La petite fille fit de la main un signe vague, puis elle sombra à nouveau dans son rêve éveillé. Agnès était sûre que l'enfant ne bougerait pas d'un pouce. Elle repartit donc chercher les trois garçons.

Les voiles se gonflaient de toute leur ampleur, et le bateau s'éloignait de plus en plus de la terre ferme. Agnès découvrit alors aussi le reste du chargement : des tonneaux d'eau, des légumes, des fruits et du pain. Il fallait que les enfants soient bien nourris pendant la longue traversée qu'ils allaient faire, pour valoir un assez bon prix sur le marché aux esclaves.

Tout en continuant de chercher Bertram et ses deux compagnons, elle repensa que tous ces enfants allaient être vendus. À des païens, à des infidèles ! Leurs nouveaux maîtres exigeraient-ils d'eux qu'ils oublient Dieu et Jésus-Christ ? N'auraient-ils plus le droit de prier ?

Agnès arrivait moins que jamais à se représenter ce qui les attendait. Elle et les trois garçons. Et la petite Ève.

Puis elle pensa de nouveau à Jobst. « Maintenant, il gardera Thérèse auprès de lui. Et il m'oubliera... Mais je ne pouvais pas faire autrement ! »

Brusquement, elle vit devant elle Mathias. Il se tenait à la proue, jambes écartées, tendant le nez au vent. Agnès se précipita sur lui et lui sauta au cou.

– Mathias ! Je croyais que je ne vous retrouverais jamais.

Mathias sursauta. Il ne pensait plus revoir Agnès. Mais en même temps ses yeux étincelaient de défi.

– Maintenant, tu ne peux plus nous faire repartir.

Tout d'abord, Agnès ne répondit rien.

– Où est Bertram ?

Elle suivit des yeux le bras tendu de son frère. Bertram était assis avec Gallus sur les planches du pont et semblait expliquer quelque chose.

– Viens, Mathias ! ordonna-t-elle, traînant avec elle son frère et les deux autres.

Bertram l'accueillit avec autour de la bouche ce rictus de défi qu'elle connaissait depuis longtemps chez lui. Elle savait qu'il ne faisait que dissimuler ainsi son malaise.

– Qu'est-ce que vous avez fait ? reprocha-t-elle.

Elle s'assit à côté des deux garçons, et força Mathias à s'asseoir avec eux.

– Sans doute n'avez-vous aucune idée de

l'endroit où se terminera le voyage. Sans quoi, vous ne vous seriez pas laissé prendre au mensonge qui prétend qu'on vous emmène à Jérusalem. Pourquoi...

– Nous ne voulons pas aller à Jérusalem, l'interrompit Bertram. Mais ne voulons pas non plus rentrer.

Agnès ne put pas retenir ses larmes plus longtemps.

– Nous allons tous être vendus comme esclaves. Ne le saviez-vous pas ?

Bertram se leva d'un bond.

– Ce n'est pas vrai. Tu mens.

Mathias répondit doucement mais avec fermeté :

– Agnès n'a encore jamais menti.

Jobst, Séverin et Thérèse trouvèrent un rapide voilier qui, moyennant finances, les emmènerait à Alexandrie sur les traces des enfants. Mais il y avait encore quelqu'un d'autre à bord : Hickler.

Ils l'avaient découvert alors qu'ils naviguaient déjà depuis deux jours et deux nuits. Il souffrait beaucoup du mal de mer, avait le teint verdâtre et se tenait le ventre avec les mains.

Il lui fallut aussi y regarder à deux fois pour reconnaître frère Séverin.

– Où as-tu laissé ta robe de moine ? se moqua-t-il malgré le mal au cœur qui le torturait. J'avais toujours pensé que tu n'étais pas un vrai moine. Je ne t'en veux pas, mais je voudrais bien savoir si toi aussi tu vas à Alexandrie parce que Pontian t'a volé sur le prix par tête ?

– Prix par tête ?

Jobst sentit que Séverin lui marchait sur le pied. Il y avait là-dessous bien plus qu'il n'avait pu soupçonner. Il laissa donc les deux autres parler. Séverin fit une réponse ambiguë :

– Nous avons tous été trompés. Où vas-tu retrouver ce Pontian ?

– Sur le marché aux esclaves, où veux-tu que je le retrouve ? Il ne s'attendra pas à m'y voir, ce beau monsieur !

Hickler se précipita contre le bastingage, pour vomir. Cela laissa à Séverin le temps d'avertir Jobst.

– Laisse-moi parler, nous en apprendrons plus.

– Il va devenir riche, Pontian, dit Séverin lorsque Hickler revint. Compte combien ça fait en tout, combien il y a d'enfants sur chaque bateau, au moins deux cents ?

– Tous ne survivront pas à la traversée, répliqua froidement Hickler. Les médecins qui sont sur les bateaux n'examineront et ne soigneront pas les plus faibles en premier. Sur le marché, on ne prend que ceux qui ont assez de force et sont en bonne santé. Ou les filles blondes au teint clair.

Jobst sentait grossir sa colère. Il dut faire un effort pour se contenir. Il jeta un coup d'œil à Thérèse qui montrait la tête par une écoutille. Une chance qu'elle n'eût pas entendu les paroles de Hickler. Jobst lui fit signe de rester à l'écart.

– Et qu'adviendra-t-il des autres ? demanda Séverin. Ceux qui auraient besoin de soins d'urgence.

Hickler haussa les épaules. Il n'avait pas l'air de vouloir se pencher sur la question.

– Nous arriverons à Alexandrie au plus tard un jour après les bateaux des enfants, reprit-il. Entre-temps, il faut qu'ils refassent provision d'eau et de nourriture. Ils sont trop nombreux. Alors que nous n'avons pas besoin de faire escale. De toute façon, je serais incapable de rien manger.

Hickler courut à nouveau au bastingage. Jobst aurait eu envie de se précipiter sur lui et de le faire basculer par-dessus bord. Il n'arrivait plus à maîtriser sa fureur.

– Combien y en a-t-il encore comme lui ? Étais-tu au courant de cet horrible marché ? demanda-t-il à Séverin.

Comme Hickler ne revenait pas, Séverin prit tout son temps pour répondre.

– Il ne faut pas mettre tout le monde dans

le même sac. J'ignorais tout de ces manigances lorsqu'on est venu m'extraire de mon monastère. Père Boniface avait sans doute entendu dire que j'avais envie d'aventure. C'est pourquoi j'ai accepté avec joie sa proposition de suivre la croisade comme confesseur. Et l'archevêque de Cologne a sans doute été enchanté d'avoir trouvé quelqu'un qui voulût bien se charger de cette mission.

– Père Boniface ? Il était là au départ ? Pourquoi n'a-t-il pas participé lui-même à la croisade ?

Jobst voulait maintenant tout savoir, il se poussa un peu sur le côté, pour que Thérèse pût s'asseoir à côté d'eux.

– Père Boniface se consacre à de plus hautes tâches que d'accompagner une croisade, répliqua Séverin d'un ton moqueur. L'archevêque de Cologne l'envoie en tournée dans la région pour qu'il ramène de l'argent. L'Église est un tonneau percé, et ni ses évêques ni ses plus hauts prélats n'ont la moindre intention de vivre dans la pauvreté...

Séverin interrompit son monologue qui avait un accent assez amer. Il poursuivit au bout d'un moment :

– Qui sait combien le beau-père de Bertram a dû payer pour qu'il le débarrasse de ce garçon ? Mais ce n'était pas mon affaire. J'étais seulement chargé de garder un œil sur le jeune seigneur, de m'assurer qu'il n'abandonnât pas trop tôt la croisade...

Séverin fit encore une pause. Puis Jobst prit la parole :

– Et maintenant la croisade est finie. Mais pas un des enfants n'est arrivé à Jérusalem.

Séverin se contenta de faire un geste de la main.

– Lorsque j'y pense maintenant, mes yeux auraient dû s'ouvrir plus tôt. Beaucoup de choses me déplaisaient assez chez les prétendus conseillers de Nicolas. Mais que pouvais-je y faire ?

– Et comment cela s'est-il passé avec Nicolas ? Les enfants l'ont cru ! Pourquoi ne lui as-tu pas dit la vérité ? C'était quand même toi qui avait le plus facilement accès à lui, intervint Thérèse.

Séverin rit amèrement.

– Il était ébloui, il n'a pas écouté mes avertissements. Il préférait ceux qui répétaient tout ce qu'il racontait et se faisaient grassement payer pour ça.

– Il doit être resté pas mal d'argent dans la caisse, observa Jobst. Nous étions encore loin de Jérusalem.

Séverin parut embarrassé. Mais il se décida finalement à dire la vérité.

– Comme la mer ne s'est pas fendue devant nous, ce à quoi de toute façon aucun d'entre nous n'avait jamais cru, les prétendus conseillers de Nicolas se sont jetés sur tout ce qui avait de la valeur. Je n'ai pas pu les en empêcher. Pour finir, j'ai pris ma part aussi. Je ne voulais pas retourner dans mon monastère. Et jamais je ne serais monté sur ce bateau si je ne m'y étais pas senti contraint par toi. Je serais depuis longtemps en train de chercher un endroit où personne ne me connaisse.

– Tu pourras toujours le faire après, dit Jobst. Pour l'instant, il faut que tu m'aides à retrouver Agnès, Bertram et les autres, et au besoin à racheter leur liberté. Tu nous dois au moins ça.

– Oui, oui ! Comme tu voudras. Mais il nous faut pour ça beaucoup d'argent. Vas-tu me prendre tout ce que j'ai ? gémit Séverin.

– J'ai un peu d'argent que m'a confié la mère de Bertram, répondit brièvement Jobst.

Il ne parla pas de l'argent de Farold.

Pendant ce temps, Florian était en route pour Gênes. Il était allé vite. Il lui tardait de retrouver Agnès et Bertram et de les ramener. Ils ne pouvaient plus être très loin, puisqu'il avait déjà franchi les Alpes.

Comme il se reposait à l'ombre d'un arbre, s'approcha de lui un jeune garçon qui regardait peureusement de tous les côtés.

– Viens, dit Florian, je ne te ferai rien. Es-tu de ceux qui ont tourné le dos à la croisade ?

Florian posait la question dans l'espoir d'apprendre jusqu'où étaient arrivés les enfants. Personne ne lui avait encore relaté l'échec de l'entreprise. Il ne pouvait pas soupçonner que le jeune garçon crasseux et en haillons qu'il croisait sur la route de Gênes était précisément celui que plus de vingt mille enfants avaient suivi pour aller en Terre sainte.

– Oui, je faisais partie de l'armée des enfants, répondit le garçon.

– Est-ce que l'on est encore loin de Gênes ? demanda encore Florian en sortant un morceau de pain de sa besace. Combien sont-ils à avoir fait demi-tour ? La mer s'est-elle ouverte ?

– Tu poses beaucoup de questions à la fois.

Nicolas prit un morceau de pain et l'avala. Puis il but l'eau que lui tendait Florian. « Qui sait comment réagira cet homme s'il apprend qui je suis ? » se disait-il. Il voulait rester inconnu. Il s'était enfui comme une bête traquée et, jusqu'à présent, il s'était caché.

– D'ici à Gênes, tu dois marcher autant de jours que tu as de doigts à une main. Et je ne suis pas le seul qui n'arrivera pas en Terre sainte. Beaucoup d'enfants ont fait demi-tour, beaucoup sont morts aussi. C'est épouvantable.

Florian était troublé. Peut-être que Bertram et Agnès avaient fait demi-tour depuis longtemps et qu'ils avaient à nouveau franchi les Alpes par une autre chemin que celui qu'il avait emprunté.

– Et la mer s'est-elle ouverte oui ou non ? insista-t-il.

Nicolas regardait droit devant lui, puis il se passa la main sur les yeux, comme pour effacer un mauvais souvenir.

– Elle ne s'est pas ouverte, dit-il avec un certain effort. Parce qu'ils n'y croyaient pas, parce qu'ils étaient envoyés par le diable pour empêcher le miracle. Engeance maudite ! Ils ont chargé les enfants sur des bateaux... ! Mais ces bateaux ne partaient pas pour la Terre sainte... (Nicolas s'arrêta brusquement et jeta un regard méfiant à Florian.) Pourquoi me demandes-tu ça ?

Qui t'envoie ? Le diable ? Ou l'archevêque de Cologne ?

Florian éclata de rire.

– Est-ce l'impression que je donne. Je cherche un garçon et une fille. Je les cherche pour les ramener chez eux.

Nicolas regardait fixement la besace de Florian. On pouvait lire dans ses yeux qu'il voulait encore du pain. Florian lui donna tout ce qu'il avait. Par ailleurs, il ne pouvait pas tirer grand-chose d'autre de ce garçon. Et il ne pouvait guère lui fournir d'aide.

« Cinq jours, d'ici Gênes », se dit Florian. Certes, il n'avait pas la certitude absolue d'y trouver Bertram et Agnès. Mais il apprendrait au moins ce qu'il était advenu du reste des enfants de la croisade. Il soupira à l'idée que l'attendait encore une longue quête. Peut-être devrait-il même prendre un bateau et naviguer sur la mer ?

« Bertram n'aura pas osé faire demi-tour. Il ne sait pas que le burgrave est mort. Il faut que je le trouve pour lui dire ce qui est arrivé et combien sa mère se languit de lui. »

Le jeune garçon remercia pour le pain et l'eau.

– Avec ton cheval, tu arriveras plus vite à Gênes, dit-il encore. Mais tu n'y trouveras plus personne, il vaudrait mieux que tu repartes.

Florian examina ce garçon aux habits déchirés.

– Comment était-il, Nicolas ? demanda-t-il. Qu'avait-il promis aux enfants ?

Nicolas se redressa de toute sa hauteur. Ses yeux brillaient comme s'il avait eu de la fièvre.

– C'était un élu de Dieu ! Le Seigneur lui avait parlé. C'était lui qui devait conduire l'armée des enfants à Jérusalem... lui !

Puis il s'enfuit comme s'il avait le diable à ses trousses.

Chapitre 14

« Tout cela pour rien ! » pensait Agnès, désespérée. À la descente du bateau, elle avait été séparée de Bertram, Mathias et Gallus. Les jeunes filles et les femmes étaient à part. Mais Agnès ne savait pas où elles se trouvaient. Certaines de ses compagnes disaient qu'elles étaient déjà à Alexandrie et qu'elles allaient être vendues sur le marché aux esclaves. Agnès le croyait. Tout semblait l'indiquer : les portes de la cour intérieure fermées à clef, les hommes qui les évaluaient du regard, l'examen que leur avait fait subir un médecin qui procédait à une nouvelle sélection. Après quoi, on éloignait les malades et les plus faibles.

Agnès pressait contre elle la petite Ève, qui gémissait doucement.

– Marion m'attend. Elle me fait signe. Je veux toucher ses ailes blanches et sa belle robe...

– Tais-toi, Ève. Tais-toi enfin !

Agnès craignait qu'on lui enlevât encore l'enfant. Elle redoutait beaucoup l'examen du médecin. Non pas pour elle-même. Elle se sentait en bonne santé, la traversée l'avait reposée, elle avait eu suffisamment à manger sur le bateau. Mais elle avait peur pour Ève. Agnès avait eu tout le temps de l'observer pendant le voyage. L'enfant avait perdu l'esprit. Elle vivait dans un monde imaginaire et voyait des choses qui n'existaient pas. Peut-être était-ce sa manière de surmonter l'horreur qu'elle avait vécue, de se protéger contre la souffrance et la déception.

« S'ils s'aperçoivent que la petite Ève n'a pas tout son bon sens, ils vont nous séparer, songeait Agnès. Et qu'adviendra-t-il de cette enfant ? Qu'adviendra-t-il de moi ? »

En dépit du régime dont ils avaient bénéficié sur le bateau, Agnès était toujours maigre. Elle ressemblait plus à un garçon qu'à une jeune fille. Elle n'avait rien de ce qu'aimaient ces étrangers ici. Pas de boucles blondes autour de son visage mais des cheveux châtains frisés qui retombaient sur ses maigres épaules brûlées par le soleil. Ce n'était pas une perspective très favorable pour obtenir une place de servante, même accomplissant de menus travaux dans une grande maison.

La cour intérieure dans laquelle on avait enfermé les filles était entourée d'un auvent soutenu par une colonnade. Elles avaient le droit de séjourner là dans la journée, tandis que des hommes venaient évaluer leurs capacités et estimer leur valeur. Beaucoup étaient emmenées. Le plus souvent, elles ne revenaient pas.

« Vendues ! » se disaient alors celles qui restaient. La nuit, on les conduisait dans de grands dortoirs où il régnait une atmosphère moite et étouffante. Là, Agnès avait tout son temps pour réfléchir.

Personne n'avait encore prêté attention à elle. Jusqu'à présent, elle avait passé la plupart de son temps assise contre un mur, la petite Ève étroitement serrée contre elle.

Son plus grand souci était de savoir ce qu'étaient devenus les autres. « Où a-t-on emmené Bertram, Mathias et Gallus ? La mère de Bertram ne comprendra jamais que je n'aie pas été capable de le protéger. »

« Et ma mère ? Mon père ? » Il y avait si longtemps qu'Agnès n'avait pas pensé à ses parents. « Mon père devra continuer de travailler pour le burgrave sa vie entière. Et ma mère restera souvent éveillée pendant la nuit, ses pensées se perdront dans l'inconnu. Elle ne pourra jamais imaginer ce qui nous est arrivé, à Mathias et à moi. Pauvre mère, tu nous a tant aimés. Ce n'est pas de ton plein gré que tu nous as envoyés au loin. »

La pensée de Jobst la mettait au comble du désespoir. « Comme j'aurais aimé rester auprès de lui ! se disait-elle, accablée. Maintenant c'est Thérèse qui est avec lui... Je ne le reverrai jamais. »

Pour se calmer, Agnès se réfugiait dans le rêve. Mais cela ne durait jamais très longtemps. La perte de Jobst était trop douloureuse. « Tout cela était vain, pensait-elle amèrement. Je ne peux aider ni Bertram, ni Mathias ou Gallus. Je ne peux même pas me tirer d'affaire moi-même, ni la petite Ève. Ah, Jobst... ! »

– Viens avec moi ! ordonna à Agnès un des hommes qui se trouvaient dans la cour.

La jeune fille eut si peur qu'elle serra Ève encore plus fort que d'habitude. L'enfant poussa un petit cri.

– Toi seule ! reprit l'homme.

Agnès secoua la tête.

– Toutes les deux ensemble !

Elle traînait derrière elle Ève qui se débattait. L'homme les poussa toutes les deux dans une salle et dit quelques mots dans une langue qu'Agnès ne comprenait pas. Elle avait du mal à savoir où elle était. Il fallut d'abord que ses yeux s'habituent à la semi-obscurité de ce local qui n'avait que de petites fenêtres. Mais au moins il faisait frais ici, une fraîcheur agréable. Agnès se sentit envahie du désir de se coucher sur le dallage de pierre pour se reposer, et ne plus jamais se relever.

– Approche encore ! lança brusquement un homme qui parlait sa langue.

Agnès mit timidement un pied devant l'autre. Elle tenait la petite Ève fermement par le poignet. Alors seulement elle s'aperçut qu'une deuxième personne se trouvait dans la pièce. Elle avait l'impression de la connaître, mais elle ne savait plus où elle l'avait rencontrée la première fois.

– Qui est-ce ? demanda l'homme, après avoir ordonné à Agnès de quitter ses vêtements pour l'examiner.

Agnès crut que le sol se dérobait sous ses pieds. Elle enleva la simple robe qui lui avait été donnée à son arrivée dans le camp.

– C'est Ève, répondit-elle doucement.

– Ta sœur ?

Agnès ébaucha une réponse affirmative en opinant légèrement du chef. Elle sentit les mains de l'homme la tâter et se raidit de terreur. Il lui fit ouvrir la bouche pour examiner ses dents, puis il la fit se tourner et lui tapota le dos.

– Tu peux te rhabiller. Et maintenant à toi, Ève.

Ève avait observé avec méfiance ce que l'on faisait à Agnès. Celle-ci enleva rapidement sa robe à l'enfant en la lui tirant par-dessus la tête après s'être elle-même rhabillée à la hâte. « Reste calme, Ève, se disait-elle. Au moins, ne dis rien. Qu'est-ce que je ferai, s'ils veulent nous séparer ? »

À ce moment-là, un autre homme, qui s'était tenu jusqu'alors en arrière, fit signe à Agnès d'approcher. Lui aussi parla dans sa langue. Et, brusquement, Agnès sut où elle l'avait déjà vu : à Gênes, sur le port. Il était avec Hickler, et se disputait avec lui. Hickler, celui qui faisait partie des accompagnateurs de Nicolas.

– Comment t'appelles-tu ? Et que sais-tu faire mis à part prier ?

– Je m'appelle Agnès, seigneur. Et je suis partie en croisade pour protéger Bertram. S'il vous plaît, seigneur, dites-moi où il est et où sont ses amis ?

L'homme éclata de rire.

– Sais-tu combien d'enfants il y avait sur les bateaux ? Comment pourrais-je deviner lequel était Bertram ?
– Je vous en prie, seigneur, sa mère se tourmente pour lui. C'est le fils de la comtesse Malwina. Le père Boniface nous a emmenés pour la croisade.

L'homme rit encore.
– Tu as un don particulier pour t'occuper d'enfants ? Bon, c'est au moins quelque chose.

La crainte de ce qui allait advenir de la petite lui donna le courage de faire sa demande :
– Je voudrais rester avec Ève. Elle a besoin de moi.

L'homme jeta un coup d'œil au médecin qui lançait sa robe à Ève pour qu'elle la remît.
– Elle parle constamment d'une porte dorée. Qu'est-ce qui a pareillement troublé l'esprit de cette enfant ?

Agnès savait que tout dépendait maintenant de sa réponse.

Elle regarda l'homme droit dans les yeux.
– Sa sœur est tombée dans un précipice sur la route des Alpes. Ève croit qu'elle est devenue un ange et qu'elle l'attend à Jérusalem. La vérité aurait été trop atroce. S'il

vous plaît, je voudrais rester avec Ève. Elle est encore si petite, et personne ne saurait la comprendre.

– Laisse-les ensemble pour le moment, Pontian, dit le médecin. Jusqu'à présent, personne n'a voulu de la plus grande.

Lorsqu'elle entendit le nom de Pontian, Agnès sut tout de suite que c'était celui qui avait attiré les enfants sur les bateaux avec de fausses promesses. Lui et Hickler.

Elle rassembla tout son courage et dit :

– Frère Séverin va nous chercher, Bertram et nous.

Un tressaillement parcourut le visage de Pontian, mais il se reprit aussitôt.

– De qui parles-tu ? Je n'ai jamais entendu ce nom.

Agnès sentit la petite main d'Ève se glisser dans la sienne.

– Frère Séverin a été chargé par l'archevêque de Cologne d'accompagner l'armée des enfants. Il devait en outre prêter une attention spéciale à Bertram et à ceux qui l'accompagnaient, poursuivit-elle.

Pontian rit.

– Alors, il va falloir qu'il s'applique à les chercher, le moine dévoué !

Deux jours après Jobst et les autres, Florian débarqua à son tour à Alexandrie. Il n'avait pas hésité longtemps quand il avait compris où on avait emmené les enfants arrivés jusqu'à Gênes. Il avait vite vendu son cheval et avait pu ainsi s'embarquer avec un petit bagage sur un rapide navire marchand.

Jusqu'alors, Florian n'était pratiquement jamais sorti des environs du château de Schönfels. Pour lui, très vite la recherche de Bertram et d'Agnès était devenue une entreprise des plus excitantes. Le manque de connaissances linguistiques constituait parfois à lui seul un obstacle insurmontable. Déjà, la ville de Gênes avait été au-delà de tout ce qu'il aurait pu imaginer. Et lorsqu'il arriva enfin dans la ville orientale d'Alexandrie, il fut complètement subjugué. Les senteurs et les parfums d'épices inconnues lui troublaient les sens. Il avait l'impression que toutes les langues se mêlaient dans cette ville comme dans la tour de Babel dont lui avait parlé le père Johann. Parfois, parmi toutes ces langues étrangères, il lui semblait percevoir quelque bribes d'allemand. Mais c'était sûrement le produit de ses rêves.

« Où trouverais-je dans cette ville qui grouille comme une fourmilière des gens capables de comprendre mes questions ? se demanda Florian. Pourquoi n'ai-je pas fait demi-tour à Gênes ? De toute façon, ce n'est pas comme ça que la comtesse retrouvera son fils. À moins qu'Agnès n'ait eu l'intelligence de faire demi-tour avec lui. »

Florian décida d'abandonner sa recherche et de visiter la grande ville sans plus se préoccuper de rien. Jamais pareille occasion ne lui serait offerte à nouveau. Et quand il reviendrait auprès de Berte, au moins il aurait quelque chose à raconter. Tous seraient étonnés de ce qu'il aurait vécu.

Mais il voulait quand même explorer une dernière piste. Il demanda avec difficulté le chemin du marché aux esclaves. Là, il fut assez étonné de voir des hommes et des femmes exposés à la vente. Les femmes étaient maquillées et parées de soieries. Et les hommes, le plus souvent de jeunes et fort jeunes garçons, s'étaient enduit le corps d'huile pour faire ressortir leurs muscles et leur stature. Les acheteurs allaient de l'un à l'autre, se faisaient vanter les mérites des esclaves, les tâtaient sans la moindre gêne. Les femmes étaient traitées de la même façon.

– Eh, tu viens de l'armée de la croisade ?

Florian fut brusquement interpellé par un homme qui parlait sa langue. Avant de répondre, Florian jeta un rapide coup d'œil sur l'autre. Il était habillé comme un marin, bien nourri et semblait très au courant de tout.

Florian répondit prudemment :

– J'ai voulu les rejoindre, mais quand je suis arrivé à Gênes, les enfants s'étaient déjà dispersés. On m'a dit que beaucoup étaient partis par bateau parce que la mer ne s'était pas ouverte devant eux.

Le marin partit d'un fort éclat de rire.

– Tu es un peu simplet. Au plus tard à ce moment-là, tu aurais dû comprendre que tout ça n'était qu'une vaste escroquerie ! Va-t-en avant qu'ils ne te vendent comme esclave !

– Les enfants sont...

– Oui. Les malheureux ne reverront jamais leur terre natale.

Florian se sentit confirmé dans ses craintes. Mais peut-être cet étranger pourrait-il encore lui fournir quelques indications sur l'endroit où trouver Bertram ? Il lui raconta donc qu'il était à la recherche d'un jeune garçon qu'il devait ramener chez lui.

L'étranger écouta son histoire en silence.

– Écoute-moi, reprit-il quand Florian eut terminé, tu ne retrouveras pas ce Bertram.

Et si jamais tu le retrouvais, tu ne pourrais pas le libérer. Seul quelqu'un d'une autre croyance a le droit d'acheter des esclaves chrétiens. Et, de toute façon, tu n'aurais pas l'argent qu'il faut. Arrange-toi pour rentrer chez toi. Sans quoi, il risquerait de leur prendre envie de te vendre à ton tour.

Lorsque l'homme vit que Florian était complètement terrorisé par cette perspective, il lui fit une proposition :

– Demain, nous mettons la voile pour Gênes. Si tu as encore assez d'argent pour payer ton retour, tu me trouveras sur le port.

Là-dessus, il planta Florian là, et disparut dans la foule.

Troublé par ce qu'il venait d'entendre, le jeune homme se dit : « Je n'arriverai jamais à retrouver Bertram. Et peut-être d'ailleurs qu'ils ont pris depuis longtemps le chemin du retour. Il est temps que je rentre. Je ne peux plus rien faire ici. »

Brusquement, cette ville colorée avec cette foule incroyable et toutes ces senteurs enivrantes lui parut effrayante. L'idée d'être prisonnier ici, esclave à tout jamais, lui nouait la gorge.

« Demain, se dit-il, demain je rentre. »

Bertram était assis en plein soleil, sombre et méditatif.

– Tu veux te faire rôtir sur place ?

Mathias tira son ami et le poussa vers Gallus confortablement installé à l'ombre.

– Qu'est-ce qui t'arrive ? Depuis des jours tu ne parles et ne manges presque plus. Tu vas tomber malade.

– Je veux mourir.

Ces trois mots mirent en rage les deux amis.

– Mourir, filer en douce ! Alors que nous avions juré de rester ensemble quoi qu'il arrive ?

Gallus donna un coup si fort à Bertram sur le côté, que celui-ci tomba à la renverse.

– Je ne peux pas repartir, et je ne deviendrai jamais esclave. Vous, vous pouvez fuir. Mais moi, même ma mère ne veut plus de moi.

– Cesse de geindre ! gronda Mathias. Nous voulions vivre cette aventure ensemble jusqu'au bout. Nous nous le sommes juré, Bertram. La nuit de l'orage où les autres ont prêté serment à Nicolas.

– Et maintenant, nous nous retrouvons prisonniers, sans même savoir exactement où. Et nous n'avons même pas la possibilité de fuir.

Gallus intervint à nouveau dans la conversation.

– Pour le moment, il n'y a aucun moyen de s'échapper. Mais il ne vont pas nous tenir éternellement enfermés ici. Il faut que nous convenions d'un endroit où nous nous rejoindrions au cas où ils nous sépareraient.

Bertram s'intéressait de nouveau à ce qui se disait.

– Tu penses que par la suite on pourrait s'échapper ?

– Oui, si nous avons de la chance et que nous préparons ça bien. Avant tout, il faut que nous arrivions à savoir où nous sommes.

Pour s'en informer, Gallus fit le tour du camp. C'était une étape intermédiaire, quelques cabanes délabrées offraient une maigre protection contre un soleil de plomb. On les avait rassemblés au milieu de manière que les gardiens qui faisaient les cent pas à l'extérieur des barrières puissent les surveiller. La plupart des garçons prisonniers là, ils étaient au moins cinq cents, somnolaient. Seuls quelques-uns se tenaient debout ou se réunissaient en groupe, mais ils se taisaient dès qu'arrivait quelqu'un qui n'était pas des leurs. Personne ne faisait confiance à personne.

Gallus réussit quand même à rapporter quelques nouvelles aux deux autres.
– Je ne sais pas si c'est vrai, mais ils disent qu'on nous emmènera bientôt d'ici pour une autre ville qui s'appellerait Damiette. Là, nous irions à pied, et je pense qu'en route, il devrait bien y avoir une possibilité...
– Et où sommes-nous actuellement ? demanda Mathias. As-tu réussi à le savoir ?
– Près d'Alexandrie. Mais les garçons au teint clair se vendent mieux à Damiette. Et il paraît que là, certains acheteurs font de leurs esclaves des eunuques.
– Qu'est-ce que c'est ? demandèrent en même temps Bertram et Mathias.

Gallus hésita un peu, car il ne savait comment expliquer la chose à ses deux amis.
– Après ça, ce ne sont plus des hommes, et ils ont des voix de femme très hautes.

Les deux autres se turent, atterrés. Au soir de cette même journée, une chose était sûre pour tous les trois :
– Il faut prendre la fuite. Et si nous échouons, nous mourrons ensemble.
– Oui, réaffirma Bertram. Je ne veux pas devenir esclave.

La recherche d'Agnès et des enfants restait vaine. Jobst avait toujours les mêmes conversations avec Séverin et Hickler qui était resté avec eux depuis la traversée. Hickler espérait que rester avec Séverin et Jobst lui vaudrait quelques avantages. S'il les aidait à retrouver les enfants, il les aurait de son côté, et il lui serait alors plus facile d'obtenir de Pontian qu'il lui verse son argent. Et, de son côté, Jobst savait que si Hickler trouvait Pontian, il lui serait plus facile de retrouver Agnès et les enfants.

– Même si nous les retrouvons, je ne rentrerai jamais, répéta encore une fois Jobst, alors qu'ils étaient ensemble à l'auberge. Et je ne crois pas que Bertram ait envie non plus de se retrouver sous les yeux de son beau-père. La croisade a échoué, mais rien n'a quand même changé pour nous tous. Retourner au château... non, jamais !

– Et où iras-tu ?

– Je veux être libre.

Jobst sentit se poser sur lui le regard de Thérèse. Il avait bien compris qu'elle l'aimait. Depuis qu'il avait puni Farold de son crime contre Thérèse, c'était devenu de plus en plus évident. Jobst en avait été flatté, mais pas un seul instant il n'avait songé à répondre à l'inclination de Thérèse. Il avait le souci de la protéger, comme une sœur. Avec Agnès, c'était autre chose. Il l'aimait. Et il souffrait à l'idée qu'elle fût désormais sans défense et peut-être même que pendant ce temps d'autres hommes aient pu abuser d'elle.

« Il faut que je la retrouve ! » se répétait-il comme un serment qui se serait gravé dans son cœur. Jobst ne s'aperçut pas que Séverin et Hickler sortaient de la salle. Il resta plongé dans ses pensées jusqu'à ce que Thérèse l'interrompît.

– Je t'observe depuis le jour où Agnès n'est plus avec nous. Que feras-tu si nous ne la trouvons pas ? lui demanda-t-elle.

Jobst haussa les épaules.

– Tu n'aimes qu'elle ? demanda encore Thérèse d'une voix tremblante.

– Oui, Thérèse, je n'aime qu'Agnès.

La jeune fille éclata en sanglots. Jobst passa un bras autour de ses épaules.

– Mais tu le savais, Thérèse. Tu le savais dès le départ...

Il se sentait maladroit dans ses efforts pour la consoler.

– Ce n'est pas de ma faute, bredouillait Thérèse. Farold et les hommes, ils me forçaient. Tu es le premier qui m'ait défendue. Tu es différent, Jobst.

Jobst ne savait quel comportement adopter.

– Tu es pour moi comme une sœur Thérèse. Et il faut que les choses restent ainsi.

Il faisait nuit noire lorsqu'ils tentèrent de s'enfuir du camp. Dans la journée déjà, Mathias avait trouvé un endroit où la barrière était facile à escalader. Ils s'étaient couchés tous les trois à proximité et avaient observé à quel intervalle passaient les gardiens.

– Allez ! ordonna Gallus à voix basse.

Ils rampèrent jusqu'à la barrière, puis Bertram aida Mathias à passer.

– À toi, murmura Gallus.

Bertram grimpa sur les genoux de Gallus et s'élança. Gallus devait passer le dernier. Il hésita lorsqu'il entendit un cri étouffé. Et, dans l'obscurité, il vit Bertram se jeter sur un homme. Ils avaient été découverts.

Gallus s'était vite accroupi et retourna tout doucement à sa place. Il entendit seulement les gardes prendre aussi Mathias.

Entre-temps, les autres s'étaient éveillés. Ils avaient couru à la barrière. D'autres gardiens s'y agitaient à leur tour. Ils éclairèrent l'endroit avec des flambeaux.

– Allez-vous-en ! Allez-vous-en ! crièrent-ils aux garçons.

Gallus se pressa contre la barrière. Il eut le souffle coupé lorsqu'il vit un des gardiens, le couteau tout sanglant encore à la main, tenir Mathias par le bras. Bertram gisait sur le sol.

Les gardiens discutaient vivement. Mais Gallus ne comprenait rien. Lorsque l'un d'eux approcha de Bertram son flambeau, Gallus vit la plaie ouverte sur sa poitrine. Désespéré, il s'agenouilla criant le nom de son ami à travers ses larmes. Il tendit la main à travers la barrière mais ne put atteindre Bertram.

Pendant ce temps, Mathias avait échappé au gardien. Il était accroupi à côté de Bertram. Gallus vit à la lueur du flambeau que Bertram remuait les lèvres. Mathias pencha la tête tout près de lui.

Les gardiens essayèrent de séparer les deux garçons. Mais l'enfant se défendit. Pour finir, ils le laissèrent auprès du mourant. L'un des hommes planta son flambeau dans la terre à côté de Bertram.

Peu après, tout était fini. Mathias ferma les yeux de son ami et lui replia les mains sur la poitrine. Puis il se laissa emmener.

Gallus était comme pétrifié. Que feraient-ils de Mathias ? Comment leur tentative avait-elle été découverte ?

Gallus ne dormit pas de la nuit. Il essayait de prier pour Bertram. Mais ses pensées ne voulaient pas s'attacher aux paroles de la prière. Sans cesse, il était distrait. « Je t'aimais bien Bertram, pensait-il. Mais peut-être est-ce mieux ainsi ? Qui sait ce qui nous attend ? »

Puis il pensa à nouveau à Mathias. Qu'allaient-ils faire de lui ? Le tuer, lui aussi ? Et si Mathias avouait qui devait s'enfuir avec eux ? À cette idée Gallus eut un frisson dans le dos.

Au lever du jour, quelques-uns des garçons se rassemblèrent près de la barrière. Gallus se joignit à eux. Bertram gisait encore à l'endroit où il était mort. On aurait dit qu'il dormait. Et sa bouche esquissait ce sourire de défi que Gallus lui connaissait bien.

Deux gardiens vinrent avec une grosse toile et y enroulèrent le corps. Puis ils l'emportèrent.

Gallus se rassit tristement à l'endroit où ils avaient tous trois attendu le moment de la fuite. L'atmosphère était tendue à l'intérieur du camp. Gallus entendit un des gardiens crier d'une voix hystérique :

– Et tous ceux qui essaieront de fuir connaîtront le même sort... Préparez-vous... Nous quittons le camp aujourd'hui !

Les garçons rassemblèrent leurs affaires et se préparèrent à partir. Brusquement, Mathias réapparut à côté de Gallus. Il avait le visage lacéré et des traces de sang se voyaient sur le tissu de sa blouse. Il avait été fouetté atrocement.

Le cortège se mit en route. Mathias se traînait sans un mot à côté de Gallus. Il ne rouvrit la bouche qu'au bout de plusieurs heures.

– Je n'ai pas parlé, dit-il à Gallus. J'aurais préféré mourir. Mais nous avons été dénoncés. Ici, personne n'hésite à trahir, à partir du moment où on peut en tirer quelque profit.

– Qui nous a dénoncés ? demanda Gallus.

Mathias haussa les épaules.

– Bertram a couru tout droit sur le couteau...

– Qu'a-t-il dit ? Il t'a encore parlé avant de mourir, je l'ai vu.

Mathias essayait de détacher l'étoffe de sa blouse des croûtes de ses blessures.

– « Dis à ma mère de ne pas pleurer. Maintenant, je vais à Jérusalem... » Ça a été ses dernières paroles.

– Jérusalem ? Gallus rit amèrement.

La halte était terminée. Il fallait repartir.

Chapitre 15

Hickler avait enfin réussi à retrouver Pontian et à le voir. « Il me paiera ma part ou il mourra », s'était-il juré.

C'était la dernière visite à laquelle s'attendait Pontian.

– Il faut que je patiente pour avoir mon argent, dit-il, essayant de gagner du temps. Les esclaves ne sont pas encore vendus.

Hickler ne sembla pas particulièrement impressionné.

– Ce n'est pas ce qui avait été convenu Pontian. Je ne te crois pas. Pour preuve, je veux voir où sont les enfants, exigea-t-il.

Pontian n'avait donc plus d'autre solution que de conduire Hickler d'abord dans la cour intérieure où étaient gardées les filles.

– Cache ton visage, lui dit-il. Il ne serait pas bon qu'une d'elles te reconnaisse.

Hickler suivit se conseil et baissa profondément sur son visage le capuchon de la cape qu'il avait jetée par-dessus son habit.

– Je ne vois que des filles, dit-il. Où sont donc les garçons ? Déjà vendus, Pontian ?

– La coutume ne veut pas l'on mette les esclaves hommes avec les esclaves femmes. Tu te contenteras de voir celles-ci. Regarde-les bien. Après les épreuves qu'elles ont dû subir, elles ne sont pas faciles à vendre.

L'attention de Hickler fut attirée par une fille qui tenait par la main une frêle enfant blonde. D'après la description de Jobst, il se pouvait que ce fût Agnès. La jeune fille se leva, et se dirigea vers Hickler. Mais Pontian la repoussa.

– Viens, cela suffit, sans quoi elles vont s'agiter. Et tandis qu'ils sortaient de la cour, Pontian ajouta : En témoignage de ma bonne volonté, je vais te donner maintenant une partie de la somme.

– Pourquoi rien qu'une partie ? Tu économises déjà la part qu'aurait reçue Farold. Donne-moi tout ce que tu me dois. Ou laisse-moi quelques-uns des enfants de manière à ce que moi-même je les...

– As-tu tout ton bon sens ? C'est un commerce dangereux Hickler. Estime-toi heureux de ce que je t'accorde.

Il lança à Hickler une bourse que celui-ci trouva bien trop légère.

– Pas de ça avec moi ! s'exclama Hickler. Je ne suis pas seul ici.

– Qu'espères-tu faire, Hickler ? demanda sarcastiquement Pontian. Je ne suis qu'un intermédiaire. Farold et toi, vous avez amené les enfants à Gênes en sachant très bien le sort qui leur serait réservé. Il m'indiffère de savoir d'où vient la marchandise que je propose aux acheteurs au nom de mon maître. Ce pourrait être tout aussi bien du blé ou quelque autre denrée.

Hickler soufflait de colère.

– Tu le regretteras, Pontian, si tu me voles. Nous nous reverrons. Et je ne te lâcherai pas tant que je n'aurai pas obtenu tout ce que tu nous avais promis. Je te le jure, Pontian.

Hickler essaya encore de tirer le meilleur parti de son échec auprès de Pontian. Il espérait bénéficier du soutien de Jobst et de Séverin qui étaient venus à Alexandrie pour retrouver et pour libérer Agnès et Bertram. Pour ça, en définitive, ils devraient aussi s'adresser à Pontian. Peut-être réussiraient-ils ensemble à exercer sur lui une telle pression qu'il finirait par céder, ne serait-ce que pour se débarrasser d'eux ? Et lui, Hickler, pourrait éventuellement encore tirer quelque rémunération supplémentaire de Jobst.

– Les garçons ne sont plus avec les filles. Et je crains fort que les filles elles aussi ne soient emmenées sous peu, rapporta Hickler à Jobst et à Séverin au retour de sa visite à Pontian.

– As-tu vu Agnès ? demanda Jobst tout excité bien qu'il n'espérât plus de réponse positive.

– Si tu penses à une fille maigre avec des cheveux châtains frisés, c'est possible, répliqua Hickler toujours fou de rage contre Pontian. Elle a avec elle une enfant, une petite fille blonde craintive qui s'accroche à sa robe.

Jobst sauta sur ses pieds.

– C'est Agnès, et la petite Ève ! C'est sûr ! Il faut y aller !

Séverin refréna son ardeur.

– Il faut d'abord réfléchir, Jobst. Avec ton emportement, tu n'obtiendras rien.

– Mais nous savons maintenant où sont Agnès et Ève. Il faut que nous les tirions de là, avant qu'elles ne soient vendues.

– Je veux bien tenter de vous aider, intervint à nouveau Hickler. Mais cela coûtera beaucoup d'argent...

Séverin fit signe à Jobst de ne pas précipiter les choses. Il connaissait la cupidité de Hickler.

– Si nous obtenons la libération de tous les enfants, les garçons aussi, tu seras payé en conséquence, Hickler, dit-il.

Ils discutèrent alors du moyen de contraindre Pontian à libérer les enfants.

– Ce sera difficile, ne cessait de répéter Hickler, pour prouver l'intérêt de son entremise.

Au cours de cette conversation animée, personne ne prêtait attention à Thérèse, assise à côté en silence. « Jobst n'est vraiment préoccupé que d'Agnès, pensa-t-elle, désespérée. Lorsqu'elle sera libre, ils partiront tous les deux quelque part où ils puissent vieillir ensemble. Et plus personne ne se demandera ce que je suis devenue. Et pourtant, quand nous étions en route pour Gênes, je croyais que nous formions une grande famille. Chacun était là pour l'autre. Ils avaient besoin de moi, et tout le monde s'en estimait heureux. Jusqu'à Gênes. Lorsque Agnès nous a quittés parce qu'elle ne pouvait pas abandonner Bertram à son sort, je l'ai admirée pour son esprit de sacrifice. Mais, en même temps, j'ai nourri de faux espoirs. Mais Jobst ne veut pas de moi. Il ne pense qu'à Agnès. Nous nous séparerons tous bientôt. Que vais-je devenir ? »

Malgré son capuchon baissé sur le visage, Agnès avait reconnu Hickler. Elle espérait ardemment qu'il l'avait vue. Peut-être, se disait-elle, Jobst était-il aussi sur sa trace. Le désespoir qui l'habitait depuis son arrivée à Alexandrie, où elle avait été séparée des garçons, s'évanouit d'un coup. Si Jobst était à sa recherche, il ferait tout pour la libérer.

Dès lors, elle observa attentivement ce qui se passait. Elle savait maintenant à quelle heure on servait les repas et quand elle avait le droit de se laver. La nouveauté, c'était que les filles devaient se faire belles, avec du maquillage et des robes de fines étoffes. On se tressait des rubans de couleur dans les cheveux. Agnès considérait comme une chance que personne encore ne lui eût demandé de le faire. Elle devinait qu'elles s'apprêtaient pour les acheteurs.

Jusqu'alors, Agnès s'était montrée très réservée et n'avait échangé avec les autres que le strict nécessaire. Elle écoutait d'autant plus attentivement les conversations autour d'elle. On attendait des messieurs distingués qui avaient besoin de servantes. La plupart des prisonnières semblaient s'être accommodées de leur sort. Elle attendaient impatiemment de sortir de ce camp. Tandis qu'Agnès espérait bien qu'il ne se trouverait personne qui la voulût. Sinon, comment Jobst pourrait-il la retrouver ?

Et elle ne cessait de se tourmenter pour les garçons. « Où sont-ils ? » Elle espérait que Bertram, Mathias et Gallus n'auraient pas encore été vendus !

Ève la troubla dans ses réflexions.

– Nous prenons le bateau pour Jérusalem, Agnès ?

– Je ne sais pas. Peut-être.

– Je ne veux plus attendre. Marion a déjà mal aux pieds, depuis le temps qu'elle attend sous la porte dorée.

Agnès passa le bras autour des épaules de l'enfant.

– Il ne faut pas toujours penser à Marion, Ève. De temps en temps, il faut aussi qu'elle se repose et qu'elle dorme.

Ève plissa le front puis répondit :

– Tu as raison, Agnès. Je vais lui dire de ne plus attendre. Mais comment est-ce qu'elle saura que nous arrivons ?

– Elle le saura, Ève. Puisqu'elle est devenue un ange.

– C'est loin encore, Jérusalem ? demanda l'enfant.
– Très loin, Ève, très loin.

Entre-temps, Séverin était allé trouver Pontian pour tenter d'obtenir la libération d'Agnès, d'Ève et des trois garçons contre une importante somme d'argent. Mais Pontian repoussa la demande de Séverin.
– Il a dit qu'il ne pouvait pas disposer à son gré du sort des esclaves, souffla Séverin, rapportant aux deux autres son échec. Il a prétendu qu'il était responsable à l'égard de son maître. Et que pas un esclave ne devait manquer !
– Ce ne sont pas ses esclaves, en cela il a raison, cria Jobst. C'est uniquement à cause de lui qu'ils deviennent esclaves. Et à cause de toi, Hickler !

Séverin s'interposa entre eux, sans quoi Jobst se serait jeté sur Hickler pour le battre.
– Cela ne sert à rien, arrêtez ! Pensez plutôt aux moyens qu'il nous reste de sauver les enfants de l'esclavage.
– Il n'y en a pas, répliqua Jobst, désespéré. Agnès sera vendue et je ne la reverrai jamais.
– Laissez-moi donc faire une tentative, dit Hickler. Combien pouvez-vous payer ?

Séverin n'avait aucune confiance en la personne de Hickler. Mais Jobst ne pensait plus qu'à sauver Agnès.

– Autant qu'il voudra.

Les trois hommes étaient tellement pris par la conversation qu'ils ne s'aperçurent même pas que Thérèse était partie. Elle avait pris une décision. Profitant de l'obscurité, elle alla trouver Pontian. « Il m'échangera contre Agnès, s'était-elle dit. Le nombre d'esclaves ne changera pas. Et il faudra aussi qu'il libère Ève, Bertram et les autres. Je me vendrai aussi cher que possible. »

Ce qu'il adviendrait d'elle ensuite, Thérèse ne voulait pas y penser. « Jobst ne m'aime pas, se disait-elle. Je ne veux pas vivre pour un autre. Mais il faut que Jobst récupère Agnès pour être heureux. »

Le gardien ne voulait pas la laisser entrer.

– Dis à ton maître que j'ai une affaire à traiter avec lui.

Elle dut attendre longtemps. « Agnès et Ève sont tout près d'ici », songeait-elle. Elle aurait tant aimé les revoir. Mais elle savait aussi que si son projet réussissait, elle ne les reverrait jamais.

– Viens !

Le gardien lui fit prendre un long couloir. Les pas de Thérèse ne s'entendaient presque pas sur le dallage de pierre, car elle marchait pieds nus. Les battements de son cœur semblaient d'autant plus forts. Plus forts et plus rapides. Beaucoup trop rapides. « Que lui dirai-je, se demandait-elle. Comprendra-t-il pourquoi je suis venue ? »

Elle s'imposa de rester calme en entrant dans la pièce où Pontian était assis à une table. Il lui fit signe d'approcher et tint sa lampe à huile de manière à la voir. Il la considéra longuement puis reposa enfin la lampe sur la table.

– Qui es-tu ? demanda-t-il. Et que me veux-tu ?

– Je veux te proposer un marché.

Thérèse avait la voix tremblante. Elle sentait le regard concupiscent qu'il posait sur elle. Ce ne pouvait être que favorable à son projet.

– Je suis Thérèse, ajouta-t-elle. Père Séverin t'a dit que nous voulions racheter la liberté d'Agnès et des quatre autres enfants. Combien cela coûte-t-il ?

Pontian partit d'un éclat de rire retentissant.

– Racheter la liberté ? Comme ça, pour un peu d'argent ? Même si j'étais en mesure de les libérer, pourquoi le ferais-je ? Je suis riche, je n'ai pas besoin de vos quelques deniers. Mais ça, tu le savais. Sinon, c'est l'un des hommes qui serait venu. Qu'as-tu d'autre à offrir ?

Thérèse se sentait tellement tendue qu'elle étouffait presque. La suite de son destin allait se jouer à l'instant. Elle le savait pertinemment. Mais qu'avait-elle à perdre ? Elle sentit à nouveau le regard de l'homme sur son corps. Il lui répugnait. Mais elle rassembla tout son courage et dit fermement :

– Moi. Contre Agnès, Ève et les trois garçons. Et n'essaie pas de marchander, Pontian. Je sais ce que je vaux.

Pontian reprit la lampe posée sur la table et s'approcha de Thérèse. Cette fois, il ne se contenta pas de la regarder. Il défit sa robe de sur sa poitrine et lui tâta le corps comme il le faisait pour les esclaves.

Cette fille était belle, elle était même d'une exceptionnelle beauté. Pontian calculait déjà le prix qu'il pourrait en demander. Thérèse pouvait compenser la perte de plusieurs autres. Ce n'était rien pour lui de libérer Agnès et l'enfant contre Thérèse. Il était entendu avec son maître qu'il pouvait disposer librement d'un certain nombre d'esclaves. L'échange d'Agnès contre Thérèse était intéressant. En outre, il envisageait la possibilité de garder Thérèse pour lui.

Mais les garçons, il ne pouvait pas s'engager à les libérer. Ils étaient déjà en route pour Damiette.

– Les filles demain. Les garçons plus tard, déclara Pontian. Toi, tout de suite.

Thérèse s'attendait à cette réponse. Elle savait que Bertram et les deux autres garçons n'étaient plus avec Agnès.

– Pas tout de suite, lui répliqua-t-elle. Je reste en gage à la condition que tu ailles rechercher les garçons avec Jobst. Dès qu'ils seront libres, tu pourras disposer de moi. Si tu me mens, je me tuerai.

Le rire de Pontian trahissait un certain embarras.

– Dans ce pays, dit-il, les coutumes sont autres, Thérèse. Avec le marché que tu me proposes, je suis perdant. Je...

– Tu peux refuser, l'interrompit-elle. Et alors je pars.

Pontian était fasciné par cette fille qui n'avait absolument pas peur de lui. Elle était différente de toutes celles à qui il avait affaire d'habitude. Sa fierté et son assurance lui conféraient une dignité qui la rendait inapprochable. Il voulait la posséder à tout prix. Mais il ne fallait pas qu'elle s'en doutât.

– Pourquoi te sacrifies-tu ? demanda-t-il.

Il avait compris qu'il devait y avoir une raison pour qu'elle fût venue le trouver.

– Cinq enfants contre une femme... n'est-ce pas une raison suffisante ?

Pontian secoua la tête imperceptiblement. Il ne comprenait pas cette fille qui se vouait délibérément à l'esclavage.

– Je ne libérerai pas les garçons sans argent ! dit-il brutalement pour dissimuler son trouble. Qui me garantit le paiement ?

– Jobst et Séverin.

– Bon. Les deux filles peuvent sortir demain, et aller où elles veulent. Pour les garçons, je parlerai avec Séverin. Sans quoi tu me coûteras trop cher.

– Je sais ce que je vaux, répéta Thérèse.

On aurait dit qu'elle devait s'en persuader elle-même. Et elle ajouta :

– Encore une chose : ni Agnès ni aucun des autres ne doivent apprendre le marché que j'ai conclu avec toi.

Pontian ne comprenait décidément pas son interlocutrice. Mais il lui paraissait évident qu'elle se sacrifiait pour les autres. Ou bien était-ce un piège ? Allait-on la libérer ensuite ? Il appela un gardien et lui ordonna d'installer Thérèse à l'écart des autres filles, sous étroite surveillance.

Sur le pas de la porte, Thérèse se retourna encore une fois.

– Ne me mens pas, Pontian. Je ferai ce que j'ai dit.

Elle fut ensuite conduite dans une petite pièce sombre. Le gardien barricada la porte. Elle l'entendit dehors parler avec quelqu'un d'autre. Puis le calme se fit. Thérèse pensa à Jobst. « Demain, Agnès sera auprès de lui. Ils iront vivre quelque part et ils seront heureux. Pour moi, il n'y a plus de place dans le monde. Lorsqu'ils seront tous en sécurité, je trouverai mon repos. Pontian ne m'aura jamais, ni aucun autre. Ce sera très facile de rejoindre tous ceux qui pas plus que moi ne sont arrivés à Jérusalem. Je ferai partie alors des victimes de cette maudite croisade. »

Pontian s'en tint à ce qu'il avait dit. Il fit appeler Séverin le lendemain matin pour négocier avec lui les conditions de la libération des enfants. Il apparut alors au grand jour que Hickler les avait trompés. Jobst et Séverin lui avaient confié une partie de leur argent pour qu'il allât trouver Pontian, avant que le messager de celui-ci vînt chercher Séverin. Hickler était censé racheter la liberté des enfants. Mais au lieu de cela, il s'était enfui avec l'argent.

Pontian en fut assez satisfait. Ainsi se trouvait-il enfin débarrassé de Hickler. Il libéra donc Agnès et Ève contre une somme relativement modique, et promit même de faire quérir les trois garçons à Damiette. Il lui tardait beaucoup de posséder enfin Thérèse qu'il faisait toujours garder dans un local à part.

Mais Thérèse ne voulait pas que l'on disposât d'elle.

– Je veux la preuve qu'ils sont libres tous les trois ! déclara-t-elle à Pontian. Je veux les voir !

Pontian laissa partir Agnès et Ève avec Séverin. Il dit qu'il le ferait appeler à nouveau lorsque son envoyé reviendrait de Damiette.

Mais celui-ci ne ramena que Mathias et Gallus.

– Le troisième est mort, dit il.

Pontian ne savait pas comment Thérèse réagirait à cette nouvelle.

Lorsqu'il la lui annonça, Thérèse répondit :

– Je voudrais parler à Mathias, c'est le frère d'Agnès.

Pontian s'étonna du calme avec lequel elle prenait l'annonce de la mort de Bertram.

Il refusa toutefois d'accéder à sa demande.

– Tu n'as plus de condition à poser. J'ai fait ce que j'ai pu.

Mais Thérèse s'obstina :

– Alors laisse-moi au moins être présente sans qu'on me voie lorsque Séverin viendra chercher les garçons.

Pontian céda.

Séverin arriva peu après pour emmener les garçons. Il prit peur en voyant Mathias. Il avait maigri. Sa blouse déchirée portait les traces des mauvais traitements qu'il avait subis.

– Qu'est-ce qu'ils t'ont fait, Mathias ? demanda Séverin sans plus tenir compte de la présence de Pontian. Raconte-moi ce qui s'est passé.

Mathias jeta un coup d'œil apeuré sur Pontian. Mais il dit quand même :

– Nous avons tenté de nous enfuir. Bertram s'est fait prendre, il est mort.

Séverin insista encore :

– Est-ce la vérité ?

– C'est la vérité.

Séverin le crut. Agnès n'aurait plus besoin de le protéger. Maintenant elle était libre, elle aussi. Il passa la main dans les cheveux broussailleux de Mathias.

– Nous pouvons repartir, Mathias. Toi, Gallus, Agnès, Ève et Jobst...

Il marqua une pause, prit Mathias et Gallus par la main, et sortit sans même accorder un regard à Pontian.

Chapitre 16

Agnès pleurait Bertram. Elle était inconsolable.

– Comment me présenter devant sa mère ? gémissait-elle. J'étais chargée de le protéger.

– Nous ne retournerons pas là-bas, dit Jobst. Tu m'as promis de rester auprès de moi.

– Il faut qu'elle sache. Sinon, qui priera pour lui ?

Jobst chercha une échappatoire. Ils devaient repartir le plus vite possible, sans quoi ils dépenseraient tout l'argent qui leur restait et cela ne suffirait plus pour payer la traversée.

Mais ils ne comprenaient pas où pouvait être Thérèse. Était-elle partie avec Hickler ?

Jobst ne croyait en aucune façon que la disparition de Thérèse pût être liée à celle de Hickler. Il s'accusait plutôt de lui avoir dit trop nettement qu'il ne l'aimait pas et qu'il aimait Agnès. Cela le tourmentait beaucoup. Pour apaiser Agnès, il lui dit :

– Thérèse sait où nous trouver. Je lui ai dit souvent où je voulais aller. Lorsque nous avons franchi les Alpes, les paysans de la région m'ont parlé de leur vie. Ils sont libres et il y a assez de terre pourvu qu'on veuille bien travailler. Si Thérèse nous cherche, elle nous trouvera. Il faut partir d'ici. Nous n'aurons bientôt plus d'argent.

Pourtant, Jobst et Séverin cherchèrent encore Thérèse pendant quelques jours. Mais cette quête semblait désespérée. Enfin, Agnès accepta de partir. Mais avant d'aller vivre avec Jobst, elle voulait que Malwina fût informée de la mort de Bertram. Donc, elle irait d'abord au château.

Jobst était au désespoir.

– Tu ne peux plus rien y changer, ne cessait-il de répéter. Ce n'est pas de ta faute. Et si Malwina voulait protéger son fils, pourquoi ne s'est-elle pas opposée à la volonté de son mari ? Elle nous a tous précipités ainsi dans la misère et l'horreur.

Mais Jobst n'arrivait pas à dissuader Agnès de son projet.

Dans les jours qu'ils passèrent à attendre le bateau qui les emmènerait à Venise, Séverin prit Jobst à part :

– Écoute moi, dit-il, je voudrais enfin être libéré de vous. Mais je veux bien encore faire une dernière chose, parce que je ne peux pas supporter de voir Agnès effondrée. Vous ne savez pas écrire, moi si. Je vais écrire une lettre à la mère de Bertram où je lui expliquerai tout. Ce qui est arrivé n'est pas votre faute...

– Non, certainement pas, approuva Jobst qui entrevoyait enfin un moyen de dissuader Agnès de retourner au château. Mais comment cette lettre atteindra-t-elle Malwina ?

C'est ton affaire, Jobst. J'écris la lettre, après ça nos chemins se séparent. Tu trouveras bien quelqu'un pour apporter à la mère de Bertram cette triste missive.

Jobst acquiesça d'un signe de tête.

– Oui, ce sera le mieux. Agnès s'en rendra compte. Et toi Séverin ?

Cet homme corpulent resta un peu perplexe.

– Ce n'est pas dans un monastère que tu risqueras de me trouver...

Deux jours plus tard, le navire marchand appareilla. Alexandrie ne fut bientôt plus qu'un point dans la brume lointaine. Agnès se tenait seule sur le pont supérieur et regardait en arrière. Elle pensait à Bertram, enterré quelque part dans ce pays. Elle pensait à Thérèse. « Peut-être qu'elle était comme moi et qu'elle n'aurait pas supporté de retourner à l'étroit. Thérèse dans une taverne, moi dans les cuisines du château. C'est inimaginable après tout ce qui est arrivé. Mais j'aimerais bien savoir où elle est et comment elle va. Et comment vont tous ceux que j'aime, ajouta-t-elle par la pensée. Mais au moins mon père et ma mère sauront où nous sommes, Mathias et moi. La comtesse le leur dira, lorsque la douleur de la perte de Bertram se sera un peu calmée. Elle recevra la lettre de Séverin. Jobst m'a promis de faire le nécessaire pour qu'elle lui parvienne. J'ai confiance en lui, et je l'aime. »

Le vent sécha les larmes sur le visage de la jeune fille. « Nous ne sommes pas morts, songea-t-elle. Mais combien de victimes aura coûté cette croisade ! Et qui est responsable de ces tristes destinées ? Nicolas ? Non, certainement pas lui tout seul. Mais pourquoi tous les autres l'ont-ils suivi ? Sa voix n'arrivait tout de même pas jusqu'à notre petite ville. C'est le père Boniface qui a parlé en son nom, avec force et autorité. Combien de prêtres ont-ils parcouru ainsi le pays, recrutant pour cette croisade en faisant miroiter des miracles ? Étaient-ils au courant de ce qui se tramait dans le dos des enfants ? »

Agnès essaya de se défendre des pensées qui l'assaillaient dès qu'elle se trouvait seule et que personne ne la dérangeait.

« Pourquoi ont-ils permis que des enfants innocents prennent le bâton de pèlerin pour libérer le Saint-Sépulcre : les archevêques, le pape lui-même ? Tant de malheurs auraient-ils pu être évités ?... Où était Dieu lorsque les enfants s'effondraient de faiblesse et restaient au bord du chemin pour mourir loin de leur mère et de leur père ? L'avait-il voulu ? Où étaient les anges gardiens, que Nicolas invoquait si souvent ? Ils devraient se voiler la face, car ils n'ont pas fait leur office. »

Agnès tourna le dos à la mer. Elle vit Jobst et les deux garçons assis sur le pont. Ils s'occupaient de quelque chose.

« J'ai changé, songea Agnès avec amertume. Il me semble qu'il y a très longtemps que j'ai entendu le père Boniface prêcher sous le porche de l'église Sainte-Marie pour la croisade des enfants innocents. Il a menti, comme tous les autres. »

Agnès se rapprocha d'Ève assise sur un tas de cordages, le regard perdu dans le vide.

– Qu'y a-t-il ? Tu es triste ?

L'enfant leva sur elle des yeux pleins de confiance.

– J'attends. Marion et Bertram vont me faire signe bientôt. Allons-nous rester longtemps sur ce bateau avant d'arriver à Jérusalem ?

– Oui, Ève, très longtemps encore.

L'esprit troublé de cette enfant lui faisait voir dans la ville de ses rêves tous ceux qui les avaient quittés. Bientôt, poursuivant son rêve éveillé, elle y verrait aussi Thérèse. Agnès s'aperçut qu'Ève joignait les mains et murmurait des paroles incompréhensibles. Elle se détourna.

« Je devrais prier, songea Agnès. Je devrais prier pour tous les innocents qui étaient partis mais ne sont jamais arrivés. Quelque part, on a perdu leur trace, et personne ne s'interrogera sur leur sort. Morts, oubliés, perdus. Mais je ne peux pas prier. Pas après tout ce qui s'est passé. Il faudra longtemps pour que les plaies guérissent. »

Chronologie

1095 Concile de Clermont : appel du pape Urbain II (pape de 1088 à 1099) à la croisade.

1096-1099 Fondation du royaume de Jérusalem. Première croisade et première tentative de la chrétienté européenne pour conquérir la Palestine.

1147-1149 Deuxième croisade.

1169-1193 Sultan Saladin d'Égypte, du Hedjaz, de la Syrie, de la Mésopotamie.

1189-1192 Troisième croisade. Frédéric Barberousse se noie en 1190 dans la rivière Saleph.

1202-1204 Quatrième croisade.

1212 Croisade des enfants.

Au début de l'été 1212, deux jeunes pâtres appellent, indépendamment l'un de l'autre, à la croisade des enfants pour libérer par des moyens pacifiques le Saint-Sépulcre à Jérusalem.

En France, à Vendôme, le pâtre Étienne rassemble des enfants et des adolescents avec qui il atteint les ports de la Méditerranée. Philippe II se rend toutefois compte de l'absurdité de l'entreprise et retient une partie des enfants. En Allemagne, c'est Nicolas qui appelle les enfants à la croisade. Plus de 20 000 enfants auraient suivi cette armée qui subit – par suite de mort ou de maladies, de viols et de prostitution, de vols et d'abandons – d'énormes pertes avant d'arriver à Gênes.

À leur arrivée à Gênes les eaux de la mer ne s'étant pas fendues devant eux pour les laisser aller à pied sec jusqu'à Jérusalem, beaucoup d'enfants font encore demi-tour, mais une grande partie d'entre eux est attirée sur des bateaux par d'habiles commerçants pour être vendus sur les marchés aux esclaves d'Alexandrie et de Damiette.

Le pape Innocent III avait toléré la croisade des enfants, parce que ceux-ci donnaient aux chevaliers hésitants un « exemple qui devait leur faire honte » de manière à ce qu'ils s'arment pour une autre croisade restée dans l'histoire sous le nom de cinquième croisade.

1228-1229 Sixième croisade. L'empereur Frédéric II prend Jérusalem.

1249 Damiette est conquise par les croisés. À partir de 1244, Jérusalem est perdue pour longtemps.

Avant 1303 Plusieurs croisades sont encore entreprises par tel ou tel roi, mais elles n'ont plus l'envergure des six grandes croisades.

1303 Perte du dernier point d'ancrage des croisés en Orient.

l'Atelier du Père Castor présente

la collection Castor Poche

La collection Castor Poche vous propose :

- des textes écrits avec passion par des auteurs du monde entier,
  par des écrivains qui aiment la vie,
  qui défendent et respectent les différences ;
- des textes où la complicité et la connivence entre l'auteur et vous se nouent et se développent au fil des pages ;
- des récits qui vous concernent parce qu'ils mettent en scène des enfants et des adultes dans leurs rapports avec le monde qui les entoure ;
- des histoires sincères où, comme dans la réalité, les moments dramatiques côtoient les moments de joie ;
- une variété de ton et de style où l'humour, la gravité, la fantaisie, l'émotion, la poésie se passent le relais ;
- des illustrations soignées, dessinées par des artistes d'aujourd'hui ;
- des livres qui touchent les lecteurs à différents âges et aussi les adultes.

Un texte au dos de chaque couverture vous présente les héros, leur âge, les thèmes abordés dans le récit. Vous pourrez ainsi choisir votre livre selon vos interrogations et vos curiosités du moment.

Au début de chaque ouvrage, l'auteur,
le traducteur, l'illustrateur sont présentés.
Ils vous invitent à communiquer,
à correspondre avec eux.

CASTOR POCHE
Atelier du Père Castor
4, rue Casimir-Delavigne
75006 PARIS

365 **La Vénus d'Ille et Carmen (Senior)**
par Prosper Mérimée

Tout commence dans la joie du prochain mariage du fils de Peyrehorade avec une jolie héritière de la région. C'est compter sans la statue de Vénus qui orne le jardin. Le fiancé a glissé au doigt de la déesse son alliance qui le gênait lors d'une partie de jeu de paume...

366 **Othon l'archer (Senior)**
par Alexandre Dumas

Le comte Ludwig est jaloux. Il soupçonne sa femme d'aimer Albert, et craint que son fils Othon soit le fruit de cet amour coupable. Il chasse sa femme et destine Othon à une vie de moine. Mais Othon s'enfuit et s'engage dans une compagnie d'archers.

367 **Le Cheval blanc (Senior)**
par Karin Lorentzen

Silje reçoit pour son anniversaire le cadeau de ses rêves, une jument blanche. Elle va devoir dresser Zirba pour atteindre son but : gagner des compétitions. Elle apprendra la rudesse de l'équitation et la sévère concurrence qui existe au sein de ce sport de haute compétition.

368 **La Gouvernante française (Senior)**
par Henri Troyat

À la veille de la Révolution d'Octobre, Geneviève arrive à Saint-Pétersbourg. Elle est française, gouvernante des enfants Borissov. Elle découvre, à travers ses yeux d'étrangère, l'insurrection bolchevique, le dénuement soudain des familles bourgeoises, le danger, mais aussi la fougue. Elle va tomber amoureuse de la Russie.

369 **Le Dernier Rezzou (Senior)**
par Jean Coué

D'abord vinrent les camions, puis les pétroliers. Alors, pour certains, le Sahara cessa d'être. Pourtant ! Il suffit qu'un vent fou lève le sable, et de la tempête, surgit le passé enfoui au cœur des hommes ! Une histoire de Touareg, et d'hommes de l'Algérie du Nord durant trois jours, le temps d'une tempête.

370 **Un si petit dinosaure**
par Willis Hall

Edgar Hollins éprouve une vraie passion pour les animaux préhistoriques, alors, comment ne garderait-il pas l'œuf de dinosaure qu'il trouve un jour, même si personne n'y croit, et que son père lui ordonne de le jeter ? Bravant l'interdit paternel, il va élever clandestinement le bébé dinosaure sorti de cet œuf...

371 **Un cœur presque tout neuf**
par Christine Arbogast

Christophe a un père merveilleux : il est inventeur ! Mais Papa est malade, il doit être opéré. Pendant son absence, la vie de la famille continue, et, lorsque le malade rentre avec un cœur presque tout neuf, il découvre que ses enfants ont de bonnes idées d'invention !

372 **Drôle de passagère pour Christophe Colomb**
par Valérie Groussard

Julie vivait heureuse auprès du roi son père. Mais un jour, toute la cour fut transformée en animaux. Julie devint un petit cochon ! Avec l'aide de ses amis magiciens Miranda et Aldo, elle embarqua sur le bateau de Christophe Colomb pour dénouer le mauvais sort en pleine mer. C'est ainsi que Julie accompagna le navigateur en route vers les Indes !

373 **Le Testamour (Senior)**
par Marc Soriano

En 1978, Marc Soriano est tombé gravement malade. Les textes rassemblés ici sont la correspondance qu'il échangea de son lit d'hôpital avec deux de ses filles. Magnifique dialogue poétique à trois voix, réflexions sur la vie, l'amour et la mort.

374 **Noria (Senior)**
par Jacques Delval

Un manège dans la tête : Médéric se sent responsable d'un accident survenu sur le manège où il travaille l'été. Il doit fuir loin, très loin, fuir pour se faire oublier...
Noria : Noria aperçoit tracé sur une glace sans tain, son prénom qui s'étale en arabesques folles. Qui a taggué ainsi son prénom ? Serait-ce un message de son père dont elle ignore tout ?

375 **Zita Sol**
par Simone Balazard

Zita Sol habite Paris avec sa mère, critique de rock. Lorsque son père américain vient lui rendre visite, ils parcourent la capitale. Zita décide de rencontrer les habitants de sa tour du XIIIe arrondissement et pour cela organise un club littéraire...

376 **Le chemin de Clara**
par Marie-Sophie Vermot

Clara, dix ans, est une fille unique choyée. D'origine brésilienne, elle a été adoptée bébé. Aussi lorsque son père lui annonce que, contre toute attente, sa maman attend un enfant, elle le prend très mal. Heureusement que Simon, lui aussi adopté, l'aidera à comprendre que ses parents l'aimeront toujours autant.

377 **Le rosier blanc d'Aurélie (Senior)**
par Anne Pierjean

Eulalie, la jeune belle-fille de la ferme des Ronciers, a bien du mérite pour supporter avec le sourire son beau-père, l'Alexandre, veuf acariâtre, à moitié paralysé de surcroît. Mais pourquoi est-il ainsi, quels regrets le taraudent-ils à ce point ? Eulalie avec amour et patience ramènera la joie de vivre à la ferme.

378 **La cadillac d'or (Senior)**
par Mildred D. Taylor

Trois nouvelles qui font renaître de façon très vivante la vie des enfants noirs du sud des États-Unis aux alentours de la Seconde Guerre mondiale. Comment faire reculer l'intolérance ? Comment vivre sa différence ? Ces trois nouvelles sont écrites dans la langue de tous les jours, simplement, sincèrement.

379 **Les champions de l'île aux Tortues**
par Gery Greer et Bob Ruddick

Scott et Pete ont obtenu la permission de camper sur une île déserte. Oui, mais voilà ! lorsqu'ils abordent leur fief, ils découvrent qu'ils ne sont pas les premiers. Deux filles de leur âge y campent déjà. C'est trop ! La lutte pour la conquête du territoire sera impitoyable...

380 **La folle poursuite**
par Hugh Galt

À Dublin, Nicolas possède-t-il à peine le vélo de ses rêves qu'on le lui vole. En partant sur les traces des voleurs, il tombe sur une bande de kidnappeurs très dangereux. Suspense, mouvement et humour sont au rendez-vous qui nous mènent au dénouement d'une traite.

381 **Aliocha (Senior)**
par Henri Troyat

1924. Élève de troisième dans un lycée de Neuilly, Aliocha n'est pas un enfant comme les autres. Fils d'émigrés russes, fuyant la Révolution, il est élevé dans le souvenir de sa patrie natale. Aliocha rêve d'être français, l'amitié qui le lie à Thierry est le premier pas vers l'intégration...

382 **Le bateau maudit**
par Gérard Guillet

Près de Madagascar, l'île de Nosy Be va-t-elle devenir la poubelle du monde ? Violant les lois un armateur y fait enterrer des fûts suspects en pleine nuit, achetant à prix d'or le silence des habitants. Mais les enfants de Nosy Be se révoltent, ils ne veulent pas de cet avenir-là !

383 **De toute façon...**
par Christine Nöstlinger

Karli, Ani et Speedi sont les trois enfants d'un couple qui va divorcer. Chacun d'eux raconte avec verve et humour sa vision de la vie quotidienne d'une famille qui se déchire. La séparation des parents va créer une solidarité à toute épreuve pour les enfants...

384 **Deux espions à Fécamp**
par Bertrand Solet

Été 1906, c'est la saison des bains de mer pour les riches vacanciers, mais Jean-Marie travaille dur dans les cuisines d'un hôtel. Son père, un terre-neuva, a été blessé lors d'une campagne de pêche, le garçon veut savoir par qui. Dans la ville se cachent deux espions russes traqués par les policiers. Jean-Marie, l'espace d'un été, joue au détective.

385 **Une autre vie (Senior)**
par Anne-Marie Chapouton

Marie Magnan est jeune fille au pair à New York en 1953 lorsqu'elle perd son fiancé à la guerre d'Indochine. Elle décide alors de changer de vie, de travail. Elle fera l'apprentissage de la liberté, la découverte de l'art dans les musées new-yorkais.

386 **Mon père le poisson rouge**
par Liliane Korb et Laurence Lefèvre

Léo a un père peintre naïf, une mère institutrice ; ses parents sont séparés. Un jour, ayant appris par hasard une formule magique trouvée dans un vieux livre, il transforme son père en poisson rouge ! Il faut vite trouver la formule qui rendra sa forme à son père...

387 **Dix-neuf fables de singes**
par Jean Muzi

Dix-neuf fables et contes empruntés à la littérature populaire d'Europe, d'Asie et du Moyen-Orient dans lesquels le singe est le héros. Il n'est pas seulement le bouffon que nous connaissons mais symbolise également chez certains la sagesse, le détachement et le bonheur.

388 **Le trésor de Mazan**
par Anne-Marie Desplat-Duc

En juin 1562, dans le Vivarais, Estienne découvre la dure vie d'ouvrier agricole. Un soir, il surprend une conversation, l'abbaye de Mazan va être attaquée ! Comment faire pour sauver les moines ? Estienne arrivera juste à temps pour recueillir les dernières paroles du père supérieur qui lui confie le secret du trésor de Mazan. Que décidera Estienne, porteur d'un si lourd secret ?

389 **Le révolté de Savines**

par Alain Surget

En 1960, le barrage de Serre-Ponçon fait disparaître Savines sous les flots. Anselme ne peut se résoudre à quitter les lieux qui l'ont vu naître. Alors il prend le maquis. Dans la montagne, il trouve Sarithe, elle aussi fuit, elle ne veut pas devenir écuyère dans le cirque familial. Anselme deviendra le protecteur de la fillette. Mais, en bas dans la vallée, tout le monde pense que Sarithe a été kidnappée.

390 **Samuel Tillerman (Senior)**

par Cynthia Voigt

Samuel Tillerman aime la solitude du coureur de fond. Champion de cross-country, il la recherche. Enfant d'une famille déchirée dans un pays déchiré (les États-Unis sont en pleine guerre du Viêt-nam) Cougar fuit tout attachement. Courir est pour lui un absolu de liberté. Pourtant, ce garçon pur et dur va devoir réviser ses certitudes.

391 **Super cousine**

par Roger Collinson

Céder sa chambre à une cousine de un an plus vieille que vous, c'est la barbe ! Surtout si celle-ci rallie tous les suffrages. Ce n'est plus tolérable, aussi Figgy concocte-t-il une bonne vengeance...

392 **Grandes vacances 14/18**

par Jeanne Lebrun

Jeanne Lebrun a onze ans en 1914, lorsqu'éclate la Première Guerre mondiale. Après la destruction de leur maison, Jeanne, son frère et sa mère se réfugient dans un village épargné... Bientôt, le village est occupé par l'armée ennemie, la vie s'organise à l'heure allemande. Chacun est réquisitionné et doit participer aux travaux des champs. Pour les enfants cela ressemble à de longues vacances.

393 **Magellan, l'audacieux**
par Isodoro Castaño Ballesteros

Les marins qui partirent au XVIe à la recherche de la route des épices ont affronté de terribles tempêtes, abordé des rivages inconnus, rencontré des indigènes hostiles ou très accueillants. Le périple entraîne le lecteur du port de Séville aux îles de la Sonde, en passant par le Brésil, la Patagonie, avec, enfin, la découverte des îles Moluques.

394 **Poil de Carotte (Senior)**
par Jules Renard

Poil de Carotte, c'est le surnom que lui a donné sa mère. Pour elle, il a tous les défauts. Toutes les brimades sont pour lui, il les subit avec bonne humeur, même si, tout au fond de lui, la blessure est vive. Pourtant, la vie n'est pas si noire pour Poil de Carotte, il partage des parties de pêche et de chasse avec son père et son parrain, il se fiance avec Mathilde...

395 **Un chat venu de l'espace**
par Dyan Sheldon

Sara Jane rencontre un chat dans la rue, un chat qui parle ! Il dit venir d'une autre planète, il a perdu son vaisseau spatial et exige de s'installer chez Sara Jane ! Mais c'est impossible, sa mère est allergique aux chats, son frère a deux canaris. Impossible ? Rien n'est impossible pour un chat extraterrestre...

396 **Le sang des étoiles (Senior)**
par Anne-Marie Pol

Léonor, seize ans, s'est juré de devenir danseuse étoile. Un accident survenu à une ballerine lui donne l'occasion d'entrer dans une célèbre compagnie. Commence alors pour la jeune fille un combat acharné : longues heures de travail pour dominer son corps, luttes amères pour affirmer sa place dans la troupe...

397 **Message extraterrestre**
par Philip Curtis

Des écoliers anglais écrivent à des écoliers français. Seul Chris ne trouve pas de correspondant. Très déçu, il s'en va traîner dans son parc favori, lorsqu'une mini-tornade dépose à ses pieds un message codé. Qu'importe ! Le garçon répond, et se retrouve doté d'un correspondant extraterrestre. De fil en aiguille, Chris et deux de ses amis se font embarquer dans un vaisseau spatial...

398 **Les épaules du diable (Senior)**
par Pierre Pelot

Dans l'Ouest américain, en 1886, les grandes compagnies d'éleveurs de bétail règnent en maîtres. Caine, le fermier, veut protéger son domaine derrière des clôtures. C'est la guerre... et la ruine. Caine va renouer avec le passé, ses seules chances sont de gagner un rodéo. Caine remonte sur les épaules du diable...

399 **Quatre de trop**
par Marie-Sophie Vermot

Blaise, douze ans, vit avec sa mère, dans un appartement dijonnais. Un beau matin, elle lui annonce son prochain remariage. Oui mais voilà : le futur mari, Aldo, est veuf, et s'installera à la maison avec ses quatre enfants. Blaise est horrifié, va-t-il se laisser envahir par une bande de gosses ?

400 **Jean de Bise (Senior)**
par Anne Pierjean

Le curé Gaudier règne sur sa paroisse en cet été 1770. Mathilda Delauze dite la Thilda est espiègle et s'amuse à composer des chansons impertinentes. Cette fois, elle a pris pour cible Jean de Bise, bûcheron de son état. Oui, mais la Thilda a seize ans et ses gamineries, aux yeux de Jean de Bise, sont des provocations.

401 **Les enfants baladins (Senior)**

par Lida Durdikova

Ce livre est le témoignage gai et vivant de la naissance de la troupe d'enfants handicapés, pensionnaires de l'Institut Bakulé, qui en sillonnant les routes de Tchécoslovaquie avec leur spectacle de marionnettes ont permis aux enfants de l'Institut de survivre en attendant des jours meilleurs.

402 **Clandestin à l'hôtel (Senior)**

par Dean Hughes

David, orphelin, en a assez d'être trimballé de foyer en famille d'accueil. Un jour, il part, seul, et se réfugie dans un hôtel, où Paul, le portier de nuit, le cache dans une chambre. Le personnel de nuit l'adopte peu à peu, chacun retrouvant ainsi l'illusion d'une famille unie. Mais cela ne peut durer bien longtemps, David, client clandestin, devra trouver une solution durable.

403 **Le prince Caspian**

par C. S. Lewis

Si pour Pierre, Suzanne, Edmond et Lucie une année s'est écoulée depuis leur dernier séjour à Narnia. Dans leur royaume, des siècles ont passé apportant le désordre et la violence. Ils vont s'employer à restaurer la paix, grâce au lion Aslan, et à rendre au prince Caspian le trône injustement usurpé par son oncle.

404 **Un amour de cheval**

par Nancy Springer

Erin, douze ans, n'aime que les chevaux. Elle fait la connaissance de tante Lexie, qui possède un haras, celle-ci se prend d'affection pour Erin et lui apprend même à monter. La jeune fille n'a plus qu'un rêve : avoir un cheval bien à elle. Ses parents lui offrent une jument blanche.

405 **J'ai tant de choses à te dire (Senior)**

par John Marsden

Lorsque Marina arrive à l'internat, elle n'a plus prononcé un mot depuis des mois, depuis qu'un drame a bouleversé sa vie. À l'hôpital, personne ne peut plus rien pour elle, sa mère a donc décidé de l'inscrire dans un collège. En compagnie de filles de son âge, Marina reparlera, c'est ce qu'espèrent les médecins.

406 **La promesse sacrée**

par Concha Lopez Narvaez

Juan a quinze ans en 1492, il vit à Vitoria en Espagne. Un soir, son père lui avoue qu'il n'est pas catholique mais juif. Juan est effondré, pourquoi ses parents lui ont-ils menti, et comment peuvent-ils vivre dans ce que Juan considère comme un mensonge, car toute la famille vit officiellement au rythme des sacrements catholiques ?

407 **Le feu aux poudres (Senior)**

par Jacqueline Cervon

Sur la toile de fond de deux pays soudain sur le pied de guerre, Stavros le Grec, seul en face de Turhan le Turc et d'une équipe de pêcheurs d'éponges, devra subir, la haine que le vent de l'actualité attise. Stavros et Turhan, qui se ressemblent tant, ne sont-ils pas des cousins que l'histoire de leur pays a séparés ?

408 **Premier de cordée (Senior)**

par Frison-Roche

Pierre Servettaz se destinait à l'hôtellerie. Mais son père, célèbre guide de haute montagne, meurt foudroyé lors d'une course. L'appel de la montagne est le plus fort. En allant récupérer le corps de son père, Pierre découvre sa vocation, il sera premier de cordée. C'est lui qui évaluera les difficultés du parcours, qui prendra le plus de risques.

409 **Aura dans l'arène**
par Pilar Molina Llorente

Aura est romaine, son père est un riche joaillier. Elle vit dans un palais auprès d'une grand-mère autoritaire, entourée d'esclaves. Cette existence bien réglée va basculer le jour où elle suit un jeune garçon dans la rue. Il la mènera dans un quartier inconnu, auprès des premiers chrétiens.

410 **La grande crevasse (Senior)**
par Frison-Roche

Zian, guide émérite de haute montagne, fait partager à Brigitte, jeune et jolie Parisienne en vacances, son amour de l'alpinisme. Ils se marient, mais être femme de guide est bien différent de ce qu'imaginait Brigitte. La montagne qui les avait réunis les séparera bientôt, à jamais.

411 **Une devinette pour Gom (Senior)**
par Grace Chetwin

Gom a hérité des pouvoirs de sa mère magicienne. À la mort de son père, il décide de partir retrouver cette mère mystérieusement disparue. En chemin, un moineau lui pose une devinette dont la solution lui dira où aller. Gom affrontera des ennemis farouches mais rencontrera aussi des amis bienveillants.

412 **Le requin fantôme**
par Colin Thiele

Joe, quatorze ans, n'a jamais entendu parler de l'île Wayward avant de venir vivre à Cokle ni du Balafré non plus. L'île Wayward est un lieu fascinant, perdu en pleine mer aux collines battues par les vents. Le Balafré est un énorme requin, dangereux, et qui rôde, tel un fantôme, dans la baie.

413 **Retour à la montagne (Senior)**
par Frison-Roche

Tous les amis de Zian sont persuadés que Brigitte est responsable de sa mort. Aussi, lorsqu'elle décide de vivre au village, d'y élever son fils, leur hostilité est vive. Pour se faire pleinement accepter, Brigitte réalisera un exploit, prouvant ainsi qu'elle est digne du nom qu'elle porte. Ce roman est la suite de *La grande crevasse.*

414 **Les manguiers d'Antigone (Senior)**
par Béatrice Tanaka

Dana, par l'intermédiaire d'un cahier, raconte sa vie à Sandra, sa fille, dont elle a été séparée. Cinquante années de notre siècle défilent ainsi, ses aventures tant politiques que culturelles. La difficulté pour une femme à cette époque de concilier ses choix de vie et la pression sociale...

415 **La longue marche de Cooky**
par Mary Small

Cooky, dont les maîtres viennent de déménager, s'enfuit de la voiture, et rentre directement à la maison. Oui mais la maison qu'il connaît est très très loin maintenant ! Des mois durant, Cooky traversera une région désolée d'Australie, peuplée de dingos agressifs et sauvages, mais aussi, heureusement pour lui, d'amis qui l'aideront... De son côté, Sam, son maître, ne désespère jamais de revoir son chien.

416 **Trois chiens pour courir**
par Elizabeth Van Steenwyk

Scott partageait avec son père la passion des courses de chiens de traîneau. À la mort de son père, et après le remariage de sa mère, Scott consacrera toute son énergie à reconstituer un attelage de champions...

417 **Tout pour une guitare (Senior)**
par Gary Soto

Alfonso veut impressionner Sandra par ses talents sportifs ; Fausto ne vit que pour la guitare, mais ne peut s'en offrir... Yollie aimerait si fort une belle robe... Les héros de ces dix nouvelles sont les adolescents d'origine mexicaine, les chicanos, pour la plupart sans le sou, mais dignes et âpres à la besogne.

418 **Le dernier sultan de Grenade (Senior)**
par Vicente Escriva

Pendant sept cents ans, l'Espagne islamique rivalise avec la Grèce, l'Egypte et Rome dans tous les domaines. Mais la splendeur du royaume de Grenade est fauchée par les armées d'Isabel la Catholique, en 1492. Boabdil est le dernier sultan de Grenade. Il voulait faire de son royaume un oasis de paix et de beauté. L'histoire en a décidé autrement.

419 **L'élixir de tante Ermolina**
par Liliane Korb et Laurence Lefèvre

Jordi vit avec son grand-père, redoutable professeur en retraite. La cohabitation est difficile. Jules-Norbert, pour soigner une douleur tenace, absorbe imprudemment le contenu d'une vieille bouteille. Le résultat dépasse toutes ses espérances, le voilà avec le corps d'un enfant de dix ans ! Jordi tient une bonne vengeance, mais Jules-Norbert ne trouve pas ça drôle du tout...

420 **Glace à la frite**
par Evelyne Stein-Fisher

À dix ans, Doris est ronde, beaucoup trop ronde. Oui mais elle adore les nounours en gomme et les frites ! Dès qu'un souci surgit, elle se rue sur ses stocks secrets de bonbons préférés... et, résultat, ne rentre plus dans son maillot de bain rose... or elle doit aller à la piscine avec l'école...

421 **Le mouton noir et le loup blanc**

par Bernard Clavel

Trois histoires amusantes mettant en scène des animaux qui ont des préoccupations bien humaines. *Au cochon qui danse,* où un cochon veut être célèbre. *L'oie qui avait perdu le Nord,* Sidonie tente d'entraîner les oiseaux dans son sillage. *Le mouton noir et le loup blanc,* l'amitié d'un loup et d'un mouton, ligués contre les hommes.

422 **La neige en deuil (Senior)**

par Henri Troyat

Isaïe Vaudagne et son frère Marcellin vivent au hameau des Vieux-Garçons. À la suite d'un accident de montagne, Isaïe a dû abandonner le métier de guide. Marcellin ne supporte plus leur vie misérable. Un avion s'écrase sur un sommet proche, Marcellin veut piller l'épave, mais pour cela il a besoin de son frère...

423 **La route de l'or**

par Scott O'Dell

Le capitaine Mendoza est animé par la fièvre de l'or ; le père Francisco veut sauver des âmes ; seule la géographie passionne Esteban... Une grande expédition réunit ces hommes que tout sépare. L'or déclenche bien des passions, même chez le plus pacifique des hommes.

424 **Cher Moi-Même**

par Galila Ron-Feder

Yoav, enfant d'un milieu défavorisé est placé dans une famille d'accueil à Haïfa. Il doit rédiger son journal et se prend vite au jeu. Récits cocasses et serments de vengeance, petits triomphes et gros chagrins, le journal reçoit tout en vrac. Un jour, Yoav a une bien meilleure idée de confident.

425 Sur la piste du léopard
par Cecil Bødker

Une nouvelle fois le léopard emporte un veau de Tibeso, le gardien du troupeau. Il part alors au village voisin chez le grand sorcier chercher conseil. Mais le léopard n'est pas le seul responsable des vols, Tibeso le sait, et les brigands savent aussi qu'ils ont été découverts par un enfant. C'est le début d'une course poursuite haletante...

426 Un véritable courage
par Irene Morck

Depuis toute petite, Kéri lutte contre la peur. Peur des vaches, peur des autres enfants, et surtout peur de galoper sur la jument que ses parents viennent de lui offrir. Une excursion à la montagne avec sa classe lui donnera l'occasion de prouver à tous que, confrontée à l'épreuve, elle ne se dérobe pas...

427 Prisonniers des Vikings
par Torill T. Hauger

Lors d'un raid viking en Irlande, Patric et Sunniva sont capturés et emmenés en Norvège comme esclaves. La société viking obéit à des lois biens étranges et biens rudes pour deux enfants catholiques. Bientôt, ils profitent d'une attaque pour fuir vers l'Islande, reverront-ils un jour leur terre natale ?

428 Au nom du roi
par Rosemary Sutcliff

Damaris a grandi au pays de la contrebande, elle en connaît tous les signes. Cette nuit-là, un homme blessé fait partie du chargement, il fuit la gendarmerie. Qui est-il ? Damaris a-t-elle raison de lui porter secours en secret ?

429 **Étrangère en Chine (Senior)**
par Allan Baillie

Peu après la mort de son père, Leah, adolescente australienne, effectue sa première visite en Chine avec sa mère dont c'est le pays d'origine. Leur voyage est un retour aux sources, mais Leah supporte mal le choc culturel, rien de la Chine ne lui plaît. Sa rencontre avec Ke, qui participe activement à la révolte étudiante de la place Tienanmen, pourrait tout changer...

430 **Le Mugigruff la bête du Mont Grommelon**
par Natalie Babbitt

Par temps de pluie, des pleurs lancinants s'élèvent du Mont Grommelon. Depuis plus de mille ans, une bête abominable vit là-haut dans la brume à donner des frissons aux habitants du bourg niché au pied du mont. Un garçon de onze ans, en visite chez son oncle, décide d'aller là-haut voir de quoi il retourne...

431 **Entorse à la patinoire (Senior)**
par Nicholas Walker

Benjamin et Belinda sont partenaires en danse sur glace. Ils ont des dons certains, et le savent. Mais les dons sont loin de suffire et, à trois semaines d'un championnat, rien ne va plus. Chutes, difficultés, déconvenues, blessures, tout se ligue pour fissurer une entente toujours précaire. Entre les adolescents, la tension monte, inexorable...

432 **La vie aventureuse de Laura Ingalls Wilder**
par William Anderson

Laura Ingalls Wilder a charmé des générations de lecteurs avec sa chronique de *La petite maison dans la prairie*. Dans cette biographie détaillée, ses admirateurs vont enfin trouver les réponses à toutes leurs questions. Des photos de l'époque, le plus souvent extraites de l'album de famille, accompagnent ce récit.

433 **Pour dix dollars (Senior)**
par Mel Ellis

Ham a volé dix dollars pour s'acheter un vélo. Sitôt acheté, le vélo a été volé..., et toute l'horreur de son forfait apparaît au garçon. Impossible d'avouer sa faute. Une seule solution : rendre les dix dollars. Mais chaque tentative pour gagner cet argent se solde par une catastrophe. Ham se souviendra longtemps de cet été-là...

434 **Le livre de la jungle**
par Rudyard Kipling

Mowgli, l'enfant loup, Baloo, l'ours débonnaire, Bagheera, la panthère noire, peuplent la jungle de Kipling. Mais dans *Le livre de la jungle,*nous découvrons aussi Kotick, le phoque blanc, qui veut soustraire ses frères au massacre de l'homme ; Rikki-tikki-tavi, la mangouste qui tue les cobras pour sauver son maître...

435 **Deux filles pour un cheval**
par Nancy Springer

Jenny partage une passion pour les chevaux avec sa nouvelle voisine Shan. Tout semble simple ! C'est compter sans l'hostilité de la classe entière coalisée contre Shan, seule Noire de l'école. Même le paysan voisin qui permettait à Jenny de monter son cheval interdit formellement la venue de Shan sur le pâturage. Les deux amies devront faire face...

436 **Le Roi du Carnaval**
par Bertrand Solet

Le carnaval est une fête folle, c'est le jour où tout peut se dire, presque tout se faire. Protégés par des masques, les jeunes fustigent les méchants, déclarent leur amour aux belles, rêvent de ripailles, inventent l'avenir. Le Roi du Canarval est élu parmi les plus pauvres. Il régnera, le temps d'une nuit étrange...

437 **Les visiteurs du futur (Senior)**
par John Rowe Townsend

À Cambridge, en été, les touristes sont légion, mais la famille que rencontrent John et son ami Allan est vraiment bizarre. Les parents se disent professeurs d'université. Ils avouent ne jamais être venus à Cambridge et semblent pourtant connaître la ville, la circulation automobile les fascine, de même que les bars que le père paraît découvrir avec ravissement. Qui sont donc David, Katherine et Margaret ? D'où viennent-ils ?

438 **Les aventures de La Ficelle**
par Michel Grimaud

Au village, tout le monde connaît le vieux La Ficelle, on aime ses histoires car il en a vu du pays ! Il en a vécu des aventures quand il était chercheur d'or en Guyane, ou seringueiro dans la forêt amazonienne. Il s'est même retrouvé chef d'une tribu d'Indiens... De retour en France, il aime à se souvenir...

439 **La Petite Fadette (Senior)**
par George Sand

Landry et Sylvain sont jumeaux, bessons, comme on dit dans le Berry. Ils sont inséparables quoique très différents. La petite Fadette est une voisine, bien mal considérée, mais n'est-ce pas injustement ? Lequel des deux bessons se fera-t-il aimer d'elle ?

440 **Le monde des Pieuvres géantes**
par France Vachey

Lucile a un grand frère, Grégoire, passionné de jeux vidéo qui passe des heures entières devant sa console. Un jour, Lucile se rend compte que Grégoire est complètement fasciné par son écran, hypnotisé, son regard devient fixe, ses yeux se ternissent... Il faut sauver Grégoire, le délivrer de l'emprise du monde des Pieuvres géantes !

441 **L'ombre du Vétéran (Senior)**
par Jean Failler

1806, à Concarneau les rumeurs de la guerre contre les Anglais se font plus insistantes. Le Vétéran, vaisseau amiral français, est coincé dans le port. Trois longues années passeront ainsi, et, dans la ville close, aux sept cents habitants se mêleront huit cents marins désœuvrés.

442 **Julia, apprentie comédienne (Senior)**
par Jutta Treiber

À seize ans, Julia rêve d'entrer dans une école d'art dramatique très réputée et de devenir actrice. Le concours d'entrée est très sélectif aussi Julia suit-elle des cours de manière intensive, négligeant complètement son travail scolaire. Le jour de l'audition arrive, pour réussir Julia devra être brillante dans toutes les épreuves...

443 **Notre-Dame de Buze**
par Lucette Graas

Dans la presqu'île d'Arvert, la communauté protestante est en proie aux dragonnades. Le bon roi Louis XIV va révoquer l'édit de Nantes. Pour l'heure, Adeline, son frère Jehan et tout le village se réfugient dans des grottes pour échapper aux soldats. Par hasard, elle tombe dans une chapelle enfouie dans la dune qui est très recherchée par les historiens catholiques...

444 **Pandora, cochon de compagnie**
par Joan Carris

Pandora, adorable truie pygmée, entre dans la famille Dean un beau matin d'été. Adorable ? Certes, intelligente aussi, Pandora adore se promener en voiture, fouiller dans les placards, boire du cocktail et prendre un bon bain dans la baignoire ! De quoi changer, les préjugés qui courent sur la gente porcine...

445 **Salut bahut ! (Senior)**
par Jacques Delval

Jed's entre en dernière année de C.A.P., il voudrait tant changer de vie, de pays, d'amour. Changer de vie ? Impossible, ou si difficile ! Même dilemme pour Brancourt, son prof de français. Lui désirait écrire des scénarios, réaliser des films. Jed's et Brancourt auront-ils quelque chose à partager ?

446 **Sauvez Willy**
par Jordan Horowitz

Jesse se fait prendre pour avoir tagué un bassin du parc de loisirs. L'éducateur lui impose une peine de substitution, il devra effacer les traces des dégâts. Dans le bassin, un orque supporte mal la captivité. Et le directeur du parc veut se débarrasser de lui. Mais Jesse aime Willy, il veut sauver Willy !

447 **La mémoire en miettes**
par Thierry Alquier

L'inspecteur Lemarchand, à la veille d'un long week-end, découvre au poste de police un jeune garçon amnésique. Il ne sait qui il est, d'où il vient, il a même oublié son nom. On l'appellera Mémory ; en attendant que la mémoire lui revienne, il sera recueilli par les Lemarchand. L'inspecteur et son fils Étienne mèneront l'enquête pour retrouver le passé de Mémory. C'est le début d'un long voyage...

448 **Duel dans l'enfert vert (Senior)**
par Jean Coué

Depuis de longs mois, Diégo est sans nouvelles de son frère, Manuel, parti faire fortune en Amazonie. Diégo part à sa recherche, bien décidé à percer le mystère de sa disparition.
Mais la forêt tait bien des secrets. Et là, au cœur de l'enfer vert, le jaguar guette sans relâche son pire ennemi...

449 **Le voleur (Senior)**
par Jan Needle

Kevin n'a pas de chance, son père est en prison, sa mère est malade. C'est Tracey, sa sœur, qui fait bouillir la marmite. Kevin a volé, naguère, des bonbons et sa réputation est faite : Kevin est un voleur ! Pourtant il ne chaparde plus rien. Lorsqu'un billet disparaît du sac de son professeur, tout le monde l'accuse...

450 **Bout d'ficelle**
par Liliane Korb et Laurence Lefèvre

À douze ans, Adèle est très grande, un mètre soixante-neuf ! À la maison, il y a de l'ambiance, avec les jumeaux de neuf ans, pleins de vie et l'appartement n'est pas bien grand ! Au lycée, Adèle a le sentiment d'appartenir à un groupe, sa bande, réunie autour d'un projet généreux et top secret

451 **L'œil du témoin (Senior)**
par John Rowe Townsend

Sam, étudiant en photo, veut décrocher le premier prix d'un concours. Il emprunte donc à son école un appareil hors de prix et part en reportage en stop. En quittant la voiture, il oublie le matériel. Alors qu'il erre désemparé dans Brighton, il remarque le superbe appareil photo que porte une jeune fille. Sam l'emprunte le temps de son reportage...

452 **Le signe de l'albatros (Senior)**
par Pierre-Marie Beaude

Chico Salinas fait du cabotage, seul à bord de son schooner. Une tempête drosse le bateau sur la côte près du village de Tamoun. Chico, blessé, reconstitue lentement ses forces. Tamoun renfloue le bateau. Une sourde rivalité oppose bientôt le vieux marin et Tamoun qui rêvent tous deux de naviguer seul sur le schooner.

Cet
ouvrage,
le quatre cent
quatre-vingt-septième
de la collection
CASTOR POCHE,
a été achevé d'imprimer
sur les presses de l'imprimerie
Maury Eurolivres SA
45300 Manchecourt
en décembre
1994

Dépôt légal : janvier 1995.
N° d'Édition : 17873. Imprimé en France.
ISBN : 2-08-164067-8
ISSN : 0763-4544
Loi n° 49-956 du 16 juillet 1949
sur les publications destinées à la jeunesse